# MARCO DE TIEMPO EN PANDEMIA

## El Mundo es de Dios

Diana Zea Cardona

Bogotá D.C.
2020

El presente relato, fue escrito con mucho cariño,
esfuerzo y dedicación
para todos mis lectores

SUGERENCIA DE LA AUTORA:

Amigo lector (a): Cuando te encuentres con un
Fondo musical, es viable escucharlo para
conectar con la autora.

A aquellos que aman más allá del mundo…
A aquellos que entienden la voluntad de un Ser Superior…
A aquellos que vislumbran una salida del abismo…
A aquellos que preparan su vida en pos de su crecimiento
personal, espiritual y para ellos mismos y su entorno.
Diana Zea C

**Agradecimientos:**

- ✓ A Dios, quién puso en mí sabiduría y me dio *los medios físicos para editar mi proyecto.*

- ✓ *A la humanidad entera… Porque con sus diferentes actuaciones en tiempos de pandemia, me actualizaron sobre los distintos comportamientos humanos.*

- ✓ *A mi hija y a mis nietas: Por existir y enseñarme que nada vale la pena si no hago una lucha constante por su felicidad. A ellas por hacerme pensar cada día en lo bueno que nos ofrece el mundo. Dios las bendiga a las tres.*

- ✓ *A mi yerno: Por ser simplemente como es. Porque me dio ejemplo de unión familiar.*

# MARCO DE TIEMPO EN PANDEMIA

## El Mundo es de Dios

Obra Literaria

Relato de la Vida Real

RESEÑA HISTÓRICA

MARCO DE TIEMPO EN PANDEMIA – El Mundo es de Dios… Es una creación literaria que surge de los comportamientos humanos en tiempos de crisis como la generada por la sabia naturaleza en el aspecto de salud, a nivel mundial en el presente año 2020.

Literaturadianazea, pretende llegar a cada persona que nos suministre el honor de tener nuestras letras entre sus ojos, a fin de que se enteren de los diferentes estados mentales de las personas que en ocasiones afrontan de manera inadecuada o adecuada, lo que ellos consideran crisis u oportunidad de vida para salir adelante.

Como autora, creo que psicológicamente, la mente se desempeña en estados del HOY… porque simplemente <<*Yo soy yo y mi circunstancia*>> *Lo de especificó el Quijote José Ortega…* Y creo que es lindo retomarlo en el presente escrito, dado que se habla sobre los razonamientos individuales y comportamientos de las personas en la misma circunstancia con diferencia en ello.

Es evidente que el ser humano, no puede controlar las acciones de los demás a su alrededor, ni tampoco puede (en el caso de la mayoría), controlar las leyes políticas en su entorno, e igualmente muchas cosas que tal vez lo desee; Pero existe el cambio desde el interior individual, donde la decisión de cada persona, es un proceder igualmente respetable, pero que en los casos más lamentables, se facilita la opción de ayuda y cooperación mutua entre todos.

Es elegible para el ser humano, aceptar o desechar la ayuda de otro, respetar o enfadarse con la circunstancia, querer salir adelante y tal vez, cambiar los paradigmas y costumbres familiares para salir el triunfo requerido.

Con el respeto personal por el lector, me permito realizar la pregunta: ¿De qué color está tu vida hoy?... Creo que la respuesta es individual y automáticamente la tienes en tu interior.

Muchas personas eligen lamentarse toda su vida y también toman la decisión de guardar para siempre en su alma y en su mente, el potencial que llevan dentro. Nunca lo exploran, porque no se dieron la oportunidad a sí mismos, de explorarse y saber que más allá de lo que empezamos a vislumbrar en nosotros, cuando se nos despierta nuestro uso de razón, existe un cambio muy positivo en nuestra vida y es precisamente allí, donde se toma el enfoque individual para mirar alrededor y preguntarse si la vida actual te satisface o no.

Con base en lo anterior, se deduce que algunas personas pasan su vida con un color **interno** muy gris oscuro o casi negro del todo. (Hay quienes tratan de ocultar esta situación, con un ropaje colorido); Otras personas en cambio, combinando diversos colores y es que, están al asecho de oportunidades y es por ello que en el presente año 2020, han salido adelante y están bien con sus familias, solos, con sus amigos (aún en la distancia), en fin, éstas últimas personas tienen una vida feliz, porque el presente Marco de Tiempo en Pandemia, es considerado por ellos, como una oportunidad muy valiosa para desempeñarse y surgir en su actividad, cualquiera que ésta sea.

(Éstas últimas, suelen a veces combinar su ropaje con ropa grisácea o negra). Guardan sus secretos y expectativas de vida, hasta que sus proyectos finales, sean finiquitados.

Para Literaturadianazea, el año 2020 ha significado oportunidad de crecimiento y aprendizaje literario… El anterior hecho, hace que su entorno sea de felicidad y también de enseñanza y ejemplo de vida para algunas personas que han tomado la decisión de sumarse a la iniciativa de simplemente preparar un mundo nuevo a su alrededor, en el cual surja el crecimiento personal y familiar. Es por lo anterior, que el presente Marco de Tiempo en Pandemia, se ha constituido en investigación hacia los diferentes comportamiento humanos y se pretende aquí, relatar y expresar algunos de ellos, no sin antes tocar levemente, empezando el presente escrito, el ¿Por qué? o ¿Cómo? se generó el Coronavirus a nivel mundial para el ser humano.

Es posible que tú amigo lector, te identifiques con alguno de los casos a continuación relatados.
**Fondo musical:**
**Bendecid oh Señor las Familias – Roberto Carlos.**

## PRÓLOGO

La gente en todos los países viaja demasiado y éste hecho hizo que entre éstos, se propagara en cada país, el COVID 19, el cual resumimos levemente a continuación:

**12 de enero de 2020:**

China <u>hace pública</u> la secuencia genética del virus causante de la COVID-19.
(En realidad, esto venía desde el mes de diciembre de 2019).

13 de enero 2020

Es confirmado oficialmente un caso de <u>COVID-19 en Tailandia</u>, el primero registrado fuera de China.

14 de Enero 2020:
La Organización Mundial de la Salud, reporta un número equivalente a cuarenta y un casos de Covid – 19 – También denominado el Coronavirus, consistente en una gran familia de virus que se constituyen en infecciones respiratorias para el ser humano y van desde un resfriado común que avanza hasta convertirse en un síndrome respiratorio agudo severo.

Los anteriores síntomas, se manifiestan en inconsistencias a nivel de salud, como fiebre alta, tos seca y cansancio corporal, así como dolores y molestias en su cuerpo, congestión nasal, dolor de cabeza, conjuntivitis… Puede presentar incluso diarrea, pérdida del gusto, del olfato o un leve cambio de color en los dedos de las manos y pies, éstos últimos síntomas, en los casos más graves, que se constituyen también en el final de la vida de muchos seres humanos infectados.

Empiezan entonces un noventa por ciento de la población mundial, a constituirse en cuarentena obligatoria aceptada en cada sector, por unos y no así,  por otros.  Las personas se reúsan a creer lo que está pasando en el mundo y se enfadan con las normas adoptadas por el gobierno en cada nación y ciudad.

Los días pasan y así mismo los meses y la gente acepta lo que está pasando y se somete a cuarentenas que se determinan de catorce días y de la misma manera se repite… Parece el círculo vicioso que no tiene salida para muchos, pero que otros han aprovechado para dar curso a sus negocios online de manera exitosa.

Es por lo anterior, que el presente relato hablará de las diferentes medidas adoptadas por algunos seres humanos en las distintas naciones, ciudades y pueblos del mundo. Diverso comportamiento de vida adoptadas por las personas,  porque en el libre albedrío que al momento de nuestro nacimientos nos otorga el Todo Poderoso, se evidencia diferencia de caracteres que nos hacen individuales e únicos en el universo.

A nivel mundial, la gente se ha comportado de manera diferente… Algunos con tolerancia, otros con indiferencia, pocos, con ayuda a la humanidad… Son culturas diferentes estudiadas por la autora, para plasmarlas el presente relato, con mucho respeto por la humanidad, la misma que considera: **Es de Dios**, bajo toda circunstancia.

En el mundo se decreta el cuidado especialmente de los abuelos…  Éstas personas de tanto respeto y sabiduría para las naciones.

Económicamente en los estratos más pequeños,  sostienen familias enteras con un  salario mínimo que les llega como mesada pensional;  Así viven muchas de éstas en los diferentes  países…  Sin embargo,  una  de  las recomendaciones  específicas  del  gobierno  nacional, decreta que en casa se use  tapa bocas cuando se tiene a un adulto mayor  y se genera que no todas las personas lo usan adecuada y oportunamente.

En resumen: Bastaron solo días y el mundo entero estaba frente a una PANDEMIA UNIVERSAL.  Sin embargo, el mundo, la vida continúa.

Empieza en el mundo la carrera y competencia de las potencias mundiales por la puesta en plataforma de la vacuna contra el covid19.  Todo esto bajo las medidas estrictas de la Organización Mundial de la Salud.  El presente relato no propagará un orden estricto…  Es decir: Plasmaremos  historias de x país y podremos pasar a otros y así mismo, retornar al primero.

Literaturadianazea, recomienda a sus lectores escuchar los fondos musicales propuestos en su momento, porque es una forma de más conexión entre autor y lector.  Gracias por aceptar mis letras en tus ojos.
**Fondo musical: Te Agradezco Señor – Roberto Carlos**

EMPEZANDO:


## HABLAREMOS DE HISTORIA REALES

Existe mucha gente que en el presente Marco de Tiempo en Pandemia, se han dedicado a realizar actuaciones malas en contra de la humanidad, e incluso: En contra de sus familiares. La violencia intrafamiliar se ha disparado en el mundo entero… Siempre existe el tipo de persona que se cree: <<*El más vivo*>> sin respeto por los demás e incluso se ha generado la agresión física entre las familias.

Lo anterior se deduce del cambio de vida cotidiana, porque hasta el decreto en formulismo, por la realidad de una pandemia amenazante a la vida humana; Las personas trabajaban por fuera y quizás una ama de casa, preparaba alimentos para esperar a su esposo e hijos. Éste último hecho, tal vez muy poco valorado por muchos, pero el caso cierto. Así mismos, el ser humano pasaba los fines de semana departiendo con sus amigos en discotecas, bares, en sus colegios, en sus trabajos extras, en fin… La humanidad entera, tenía bastante que hacer por fuera de su casa y el compartimiento a nivel familiar, era simplemente escaso en la mayoría de los hogares; Siendo evidente que el año 2020 cuenta con un conjunto de enseñanzas a la humanidad, porque simplemente EL MUNDO ES DE DIOS.


***Pero hablemos un poco del presente Marco de Tiempo en Pandemia que se generó en el mundo y para el mundo:***

Creo que lo anterior, nos proporciona las bases sobre las cuales actuaremos según nuestra convicción personal como seres humanos, a nivel de política, social, familiar y personal, entre otros, porque nuestros comportamientos pueden determinar el alcance y naturaleza de participación en el mundo que nos rodea y que en gran parte, se da por el control personal que el individuo desea realizar sobre la observación del tiempo.

La vida nos llevó a una época en crisálida (entendido también como fase de desarrollo posterior a la forma de larva) y nos está indicando que somos adultos hechos mariposas y debemos a nosotros mismos un comportamiento de iniciativa porque simplemente se viene una nueva humanidad. Igualmente es menester de la mariposa, llevar de la mano a aquella oruga que requiere de sus enseñanzas en amor porque está experimentando su metamorfosis.

Lo anterior, lo pueden fomentar en primera instancia: Los padres, los hermanos mayores, los abuelos y los profesores. Éstos últimos jamás dejarán de ser importantes en el mundo, porque éste conlleva a un aprendizaje continuo y ahora es cuando, para ser esas mariposas que vuelan con altura y que tal vez pueden hasta alcanzar el vuelo de las águilas en ocasiones, según el impulso de vida que lleven. Es determinante una mente soñadora y agradecida con lo que tiene en el momento, porque solo así, llegará a su meta máxima.

**Fondo musical: Vuela Águila – Tercer Cielo**

## 6 de marzo en Colombia:

Se da por primera vez en nuestra nación, la noticia de la llegada de una Pandemia tan grande e incalculable, que se cataloga con incertidumbre y asombro generando los comentarios de los colombianos.

Especulaciones malas y buenas sobre la situación y es así como el 20 de marzo del año 2020, se declara la primera fecha de confinamiento nacional. Los gobiernos insisten especialmente en el cuidado de los adultos mayores y los niños en sus hogares.

Hay quienes tienen especial cariño por sus abuelos y se propagan en atenciones hacia ellos; Les llevan al médico, les dan alimento con amor, les compran objetos que saben que les suministrará confort y lo más importante: El cariño por ellos, es demostrado a diario por el respeto que les prodigan. No así otra parte de la población que se fomenta en problema para estos seres que lo han dado todo por su familia.

Las UCIS en Colombia colapsan y el tiempo de confinamiento aumenta y con ello, las reacciones de los colombianos.

**Desde Colombia:**

**MARIELA:**
Antes de la Pandemia, mi vida era muy alegre, a mis setenta años de edad, era realmente una abuela feliz... Salía bastante y eso gracias a que gozo de perfecta salud tanto física, como mentalmente; me divertía con mis amigas y me sostenía y me sostengo de mis ingresos de tres salarios mínimos pensionales. Vivía sola en un aparta-estudio en arriendo (pequeño, pero cómodo para mí sola) y económicamente me sostenía en abundancia y me daba mis gustos personales, además de que cubría mis necesidades.

Tengo un hijo hombre (el único); Éste se casó hace muchos años y tiene dos hijas ambas mayores de edad.

Nuestra vida entre comillas, fue siempre hermosa y dentro de lo que una buena convivencia a distancia, puede alimentar a una familia. Nos visitábamos cada quince días, pero siempre yo retornaba a mi apartamento y ellos en el suyo, porque normalmente he tenido el concepto de que una familia conformada, debe tener su propio espacio en donde simplemente, la pareja decida sus vidas y las de sus hijos, sin que una tercera persona, pueda involucrarse.

Mis nietas crecieron y decidieron pagar en arriendo un apartamento para vivir su vida a su manera. Ambas trabajaban y estudiaban. Debo confesar que antes de la presente Pandemia, me dieron mucha felicidad, eran buenas personas, dulces y amables conmigo.

Cuando nos visitábamos, se desvivían en atenciones hacia mí y hasta me retornaban en sus automóviles, a mi lugar de vivienda. Eran afectuosas y sentían respeto y amor por mí. Por lo menos así lo sentía yo y creo que era muy feliz con la presente circunstancia familiar.

Hablo en pasado, porque ahora ya no es así… A mis dos nietas debido al confinamiento nacional, las suspendieron de sus trabajos.

Ellas disgustadas con sus padres porque solicitaron regresar de nuevo a su casa paterna y éstos les negaron ésta oportunidad, debido a que económicamente, en el año 2020, solo se estaban sosteniendo de sus ahorros y les recomendaron buscar otra alternativa porque simplemente ellos no podían admitirlas en casa; Además, su comportamiento era irrespetuoso hacia ellos, así que no las querían en casa.

Así que éste echo me obligó por cariño hacia ellas, a aceptarlas en mi apartamento. (**Lamentable decisión**).

Fueron solamente dos semanas de armonía, porque empecé a ver que se constituyeron en nietas problema para mí, dado que no colaboran en casa con los oficios domésticos y mucho menos con aporte en dinero para los gastos. Lo anterior genera que ya no me alcanzara mi dinero para llevar mi vida acostumbrada desde que enviudé y me pensioné hace ya varios años.

El apartamento se desordenó completamente porque debí adecuar dormitorio para ellas y espacio que no tenía, para la acomodación de sus objetos personales.

Ahora  mis nietas abusivamente me han quitado mi tarjeta bancaria aludiendo que por orden del gobierno nacional, no debo salir de casa;  Así que ellas hacen el cobro de mi dinero, pues me obligaron a darles la clave, para facilitarles su recaudo en mi cuenta, ya no para mí, sino para ellas, quienes de manera absoluta,  me quitan el dinero y hacen lo que desean con él.

A la fecha ya debo dos meses de arriendo y mi casera dice que no hay más plazo y que debo abandonar el apartamento.  Mis nietas salen de compras con mi dinero, no usan los protocolos de ley y entran y salen de mi apartamento en su horario inadecuado y sin ninguna protección.  Mi tranquilidad se acabó, porque a ellas les gusta la libertad en todos los aspectos e incluso han llevado a sus amigos a mi apartamento y realizan fiestas clandestinas, que tal vez por mi edad, me parecen inadecuadas.

Creo que no hay salida para mí y creo que ya no tengo deseos de vivir… La situación ha llegado a tal nivel, que a veces no hay en casa un vaso de leche ni nada que consumir antes de dormir.  Solo botellas de licor de mis nietas y el desdén que tengo por terminar esta situación, pero igual no sé de qué manera, porque tampoco deseo lastimar a mis nietas.  A veces creo que voy a enloquecer, porque ya no tengo fuerzas para luchar y lo único que se me ocurre es terminar con mi existencia.  Siento que puedo caminar, creo que tengo perfecta salud, pero a nivel mental, simplemente no deseo nada;  He perdido mi enfoque de vida.

He comentado la situación con mi hijo y su esposa, pero me dicen absurdamente que el problema es mío, porque yo las admití en mi apartamento a pesar de sus advertencias. (En verdad lo hicieron, pero la situación de ellas en aquel instante, donde habían perdido sus trabajos y esto derivó que no tuviesen más dinero para costearse sus carreras universitarias), me hicieron olvidar la advertencia que consideré de mal gusto de unos padres hacia sus hijas y fue por ello que les admití en mi vida y en mi apartamento. Hoy, cuando ya conocí realmente a mis nietas, debo confesar que les tengo miedo;

Ya no puedo tener tranquilidad en mi propia vivienda… Ahora soy yo, quien duermo en una cama pequeña improvisada en mi sala, porque mis nietas duermen confortable y abusivamente en dormitorio.
**Fondo musical: Ella es mi abuela – Daniel Buriticá**

**Autora:**
Algunos seres humanos tienden a maltratar a aquellas personas preciosas que les dieron tanto, que les ayudaron con sus cuidados y con su ejemplo, pero que ahora ellos no tienen capacidad de amar y se volcán en maltratos en todas sus formas hacia ellos. Creo que el problema tiene solución… Mariela es una persona todavía muy útil a la sociedad, es una abuela de grandes valores, así mismo, alguien con mucha sabiduría y experiencia de vida, alguien que se sabe defenderse perfectamente ante las adversidades y el camino de la vida. (Afortunadamente cuenta con salud perfecta y sus años, solo son experiencias de vida, bien contadas).

Intuyo en ella los apegos, y en éste caso, por sus nietas; Es lindo prodigarles amor y así mismo, brindarles estabilidad y protección, pero NUNCA, nunca a base de nuestra propia destrucción personal.

Mariela tiene algo a su favor y es precisamente que la mesada pensional es suya y puede ir directamente al banco sin que se enteren sus nietas. El banco puede ayudarle a simplemente bloquear su tarjeta y es pertinente que busque un lugar adecuado para marcharse de su apartamento.

Igualmente creo que debe denunciar esta situación a las autoridades, pero debe así mismo, llenarse de mucho valor, porque es algo que está dentro de ella misma y no debe demostrar a sus nietas, que el miedo la posee.

Sus años de vida, le hacen fuerte, no tiene que vivir entre el miedo, debe sacar lo que lleva dentro y no olvide que tiene un hijo y esto significa coraje de vida para sacarlo adelante y tenerlo hoy en el lugar del mundo en privilegio en que se encuentra. Ha logrado lo anterior, así que ahora es cuando y hoy es por usted misma. Pero mi recomendación es a que no olvides que siempre Dios está a nuestro lado en colaboración con todas nuestras expectativas de vida y muy seguramente tiene nuevos planes para su renacimiento en felicidad, al igual que para sus nietas.

Ellas al no tenerla, tendrán que reaccionar ante la vida y superarse por sí solas, ojalá sin hacerle daño a ninguna otra persona. No lo dude. Saque el potencial que existe dentro de usted.

Los distintos gobiernos en países y ciudades, han decretado una colaboración especial para los abuelos, sin ser Colombia una excepción. Así que le animo a denunciar también a sus nietas, dado que es evidente que no le aman y solo desean sacar provecho de usted.

Solo tiene que esforzarse y ser valiente. Creo que es el propósito de Dios para la humanidad. Igualmente lo anterior está tipificado en el Decreto de ley 1850, por medio del cual se establecen medidas de protección al adulto mayor en Colombia.

Me animé a empezar por este triste relato, porque en la inconciencia de muchas personas, se ha generado el abuso por las personas mayores, sin importar que sean sus propios familiares.

Historias como la anterior y más deplorables y vergonzosas, se han generado en todas partes del mundo y es triste conocer la poca honestidad de algunos seres humanos a quienes solo les importa su bienestar personal. Hay situaciones donde un Adiós a tiempo, es obligatorio y sensato.

**Fondo musical: Todo lo puedo en Cristo – Arturo Giraldo**

Continuando con la situación mundial, la pandemia se ha extendido;  Los gobiernos hacen un llamado para que se done sangre de todo tipo, pues los contagios aumentan casi en cada rincón del mundo, por días y segundos.

7 días forman una semana, entre 28 y 31 días forman un mes; 12 meses forman un año.  Lo anterior es susceptible de nombrar en este instante, porque ahora expondré un caso sobre…

**Los estudiantes Infantiles:**
En el mundo entero, los niños acudían a un jardín infantil o en su defecto, a un colegio que les brindaba enseñanzas en amor. La mayoría de los niños, siempre vivían su aprendizaje infantil y primario, en mucha felicidad... No solamente gozaban de lo anterior, sino también del privilegio que compartían en sus juegos con sus compañeros y amigos, que llegando a un quinto de primaria, ya se habían constituido en una segunda familia para ellos. Algunos habían logrado esto último, porque venían compartiendo juntos sus estudios, desde sus principios, a la fecha, cuando muchos de ellos, están por sus ocho, nueve o diez años de vida.

A esta parte de la generación humana, les tocó improvisar en sus estudios, se volvieron virtuales y en diferentes plataformas (algunos incluso con dos y tres al tiempo), debían cumplir estudios desde sus casas con horarios establecidos como si fuese el normal del establecimiento físico. Creo que fue un aprendizaje conjunto y en familia que asombrosamente los niños aceptaron con mucho amor, sin quejas, felices de lo nuevo que la vida les exigía. Eso sí, el estudio era motivo de felicidad para el reencuentro aunque fuese a través de una pantalla; La mayoría de los niños querían conectarse media hora antes de sus clases, para dialogar entre ellos, para improvisar juegos y charlas virtuales, antes de la llegada de la profesora en cada clase. Igualmente se genera para ellos, una felicidad muy grande al ver a su profesora, quién ya les está exclamando un ¡Buenos días!

Esta generación, parece tener mucha sabiduría… Han aceptado la presente situación, estudian y realizan sus juegos infantiles con sus juguetes adquiridos con anterioridad por sus padres (los más pequeños), porque los más grandes, ahora le apuestan a la tecnología y éste hecho hace que su juguete favorito sea una Tablet o quizás un celular… Esto es precisamente otro Marco de Tiempo en Pandemia, al cual le ha tocado a los padres acomodarse, porque es simplemente la era actual. Éstos últimos infantes, realizan juegos en sus tiempos libres, con sus amigos, más que todo del colegio y de manera virtual.

Han asimilado que no se puede salir al parque infantil, que ya no puede haber más pijamadas con sus amigos, que no se puede visitar un lugar de recreación acuático, que no se puede tener vida social; Que ahora todo es a través de una pantalla.

Es evidente que las estadísticas informan que es una generación muy fuerte, dado que en su mayoría, nunca se quejan de la situación, siempre tienen una sonrisa, aceptan lo que el día les traiga con asombro para algunos y a su manera, son felices.
Lo anterior, contempla excepciones, dado que son los adultos quienes dañan esta linda magia y proceder de algunos infantes, porque no proporcionan un trato adecuado al menor y en algunos casos, se han constituido los menores, en objeto de descargue para sus progenitores. Es por ello que resalto la historia a continuación:

**DARÍO:**

Es un niño de siete años que reside en un barrio estrato tres en la ciudad de Bogotá… Por infortunio para él, su madre le tuvo soltera y luego se enamoró de otro hombre con el cual conviven actualmente.  Nunca fue fácil para Darío estar al lado de su padrastro durante el año y medio que conviven como familia.  Este señor es un poco agresivo con el menor y su madre lo permite.  Siempre ha sido así.

En el presente Marco de Tiempo en Pandemia, el padrastro de Darío, se ha quedado sin empleo al igual que su madre, que antes vendía algunos postres entre sus amigas, pero que ahora no tiene capital para realizar sus ventas.

El anterior hecho, hace que estos dos adultos, se tornen agresivos entre ellos, sin  importar que Darío esté presente en su violenta discusión y agresión física.  Darío simplemente se tapa sus ojitos inocentes y solloza profundamente, lo que despierta la rabia de su padrastro y se torne igualmente violento hacia él, propinándole una golpiza que no tiene razón de ser y caso asombroso, su madre lo permite.

Cuando sucede lo anterior, Darío corre a casa de una vecina y se refugia en sus brazos.  Es como si a sus escasos siete años, envidiara aquellos brazos y los deseara en su madre, quién nunca tuvo una palabra de cariño con el chiquillo.  Solo ella importa, porque media hora después, se encuentra en un acto íntimo con su pareja, sin interesarle si su bebé ya se alimentó o se duchó o estudió, o tiene perfecta salud… Nada importa para esta madre, que solo Dios sabe, porqué le otorgó tal privilegio.

Por su parte, la vecina protectora del menor, ha pensado en mudarse del sector y llevarse al niño sin decirle nada a sus padres. El menor está de acuerdo. Pero un día todo cambia y los planes de vida, parece que se tornan diferentes: Darío se ha contagiado del presente virus mundial... La vecina sin demora lo lleva al hospital mientras su madre se entrega una vez más en la intimidad a su compañero de vida sin haber advertido que el niño tenía fiebre intensa y que así, en medio de la noche y una lluvia intensa, salió de casa a ver a su vecina quién no dudó en auxiliarlo.

La madre de Darío solo advirtió su ausencia en la mañana siguiente, porque detectó que Darío no fue a buscarla a su habitación para pedirle que le preparara un poco de alimento como desayuno. Lo buscó y al no hallarlo, se enfadó mucho... No le dio mayor importancia y solo se limitaba a atender a su marido. Así pasaron tres días, sin que intuyera la falta del niño, solo hasta que tocó a su puerta su vecina para pedirle que por favor le entregara un poco de ropa interior del menor, porque se quedaría en el hospital y no sabíamos hasta cuándo.

No lo podía creer, se preguntaba a ella misma ¿qué estaba haciendo con su vida? ¿Qué estaba haciendo con su bebé? Se sentía en un abismo tan grande, que no sabía cómo salir de él... De repente y ante los ojos de su vecina, se voltea hacia su marido y a gritos y sollozando, le pide que se valla de la casa, cuando precisamente ella, acto seguido con su palabra, toma sus ropas y las va colocando en una bolsa que le entrega a este hombre sin criterio humano que ha estado a su lado por casi dos años a la fecha y en su ceguera por él, ha puesto la vida miserable para su pequeño.

Ante los ojos de la vecina, la madre de Darío es víctima de una golpiza por parte de su compañero sentimental y acto seguido, igualmente es víctima de un empujón que éste último le hace sobre la puerta de la casa y sale muy molesto.

Abraza a la madre de Darío, pero extrañamente ésta sonríe y le indica que le está muy agradecida por cuidar de su hijo y que por favor le cuente todo lo acontecido con él y que le lleve a verle.  Sobre el camino abraza a su vecina y le promete que será la mejor madre para el menor, pero que igual le pide que por favor no les abandone y esté ahí siempre para ellos, con la promesa de que nunca más, volverá a tener a ningún hombre a su lado y menos que nada, permitirá que lastimen de nuevo a su bebé.

Habla de recuperar el tiempo perdido y su dedicación por su bebé en lo que resta de su vida.  Pide a Dios que su niño le pueda perdonar.
**Fondo musical: Perdóname Hijo - Htorrez**

**Autora:**
Hablando con la vecina protectora del menor, le he aconsejado que ayude al niño, pero basada en las normas de ley, ya que llevarse a un menor sin autorización de sus padres, se constituye en un secuestro, así exista una buena causa de fondo.  Afortunadamente la madre ha reaccionado positivamente ante el contagio de su hijo de la pandemia mundial.  Más bien ahora, la vecina protectora de Darío, contribuirá con su madre, para su crianza en felicidad y bienestar.

La madre de Darío objeta ahora, que aprovechará el presente Marco de Tiempo en Pandemia, en recuperar el tiempo perdido con su hijo y da gracias a su vecina por constituirse en el ángel salvador de su niño.
**Fondo musical:  Le pido a Dios que me Alcance la Vida Sin Banderas**

Es por lo anterior, que el llamado a la sociedad, es a recrearnos y volcarnos en amor sobre esas caritas inocentes llamados hijos (as) que Dios ha prestado a los seres humanos en la tierra.  Es privilegio de Dios ser madre o padre, así como abuelo (a) o hermano (a) y es menester del mayor, procurar el bienestar en salud, amor, recreación, educación y felicidad a nuestros menores.  Así lo establecen las leyes a nivel mundial y solo quién lo comprende, lo asimila y le nace del corazón, ternura y amor por los infantes a su alrededor.

En Colombia existe el Instituto Colombiano de Bienestar Familiar, entidad estatal encargada de la protección del menor.

Se sugiere a toda persona que presencie el maltrato físico y mental de los menores, que se constituyan en sus ángeles defensores y así mismo, realicen sus denuncias, porque un infante, merece ser tratado en amor dentro de su crianza y ayuda en crecimiento.

Una mujer debe siempre anteponer su criterio de madre, porque si lo es en este instante, es porque ya quemó la etapa de mujer  (no es que no lo sea después de su maternidad, no... Es simplemente que ya no está sola en el mundo y Dios le dio una responsabilidad que debe llevar con amor, firmeza y grandeza de espíritu, porque se ha constituido en guía de un ser humano).

Ser mujer, conlleva ser madre, esposa, hija, amiga, guía, ternura, firmeza, entre otros.  Es por lo anterior que el consejo a la madre de Darío, es que examine sus relaciones futuras, porque ahora no es ella, ahora son dos y uno con su hijo.
**Fondo musical:  En la Debilidad – Jah Love**

**Amas de casa:**
Hasta diciembre del año 2019, existían y existen diferentes en su entorno. Las más vulnerables: Aquellas que solo saben servir a sus esposos y a sus familias. Igual están las amas de casa empoderadas, que aun cumpliendo con todo lo anterior, trabajan en ventas de catálogos a nivel de cosméticos o diferentes ventas que les ayudan a aumentar sus ingresos en el hogar.

Así mismo, algunas de las antes nombradas, pero que igualmente dedican gran tiempo en el acompañamiento de los estudios de sus hijos… Todo lo anterior, a las amas de casa <<Vida Buena>> que son aquellas que tiene una servidumbre a su disposición y poco les importa el bienestar de su familia. Casi que viven del mundo social que las rodea y de familia y su dedicación a ella, poco. Es precisamente el relato de Gemma: Una mujer que decidió contarme sus vivencias y enseñanzas de vida a partir del mes de febrero en el presente Marco de Tiempo en Pandemia.


**GEMMA:**
Casada, con tres hijos menores, 30 años de edad, perteneciente a una familia de estrato cinco; Su esposo laborando en una empresa que le determinaba viajar por marcos de tiempo a veces inusuales. …Me dedicaba a vivir mi vida hasta el 31 de diciembre del año 2019, (Afirma Gemma y Continúa): Tenía el mundo a mis pies, mi esposo poco en casa y yo le reclamaba por su abandono.

La verdad, es que lo amo y lo necesito en mi vida.

Pese a lo anterior, me conseguí un amante y pasaba tardes y hasta fines de semana con él, sin importarme la situación de mis pequeños en casa al lado de una niña del servicio doméstico que me colabora. De hecho, lo hace actualmente. Creo que los abandoné demasiado. Mis hijos tienen 12, 9 y 6 años de edad. Me casé muy joven y enamorada. Creo que mi esposo hizo lo mismo, pero por detalles que una esposa siempre intuye, creo que él también tiene una amante.

La mayor vulnerabilidad, es la de mis hijos, ya que sufrían el abandono de ambos padres. Es como si el universo los hubiese regalado a mi colaboradora en casa, es como si fuesen animalitos a los que simplemente en un zoológico, se les brinda alimento y un poco de higiene y con ello basta para tenerlos bien, en el concepto de sus padres. Hoy, estoy muy arrepentida de lo anterior.

El 22 de marzo en Bogotá, (ciudad a la que pertenezco), empezamos una cuarentena exhaustiva… Debíamos quedarnos en casa, debía estudiar con mis pequeños a través de una pantalla de computador y mi esposo, había retornado a nuestro hogar. Decidí salir por última vez el día 27 de marzo, porque cinco días, me bastaron para mirar mi hogar benignamente y darme cuenta de lo mucho que me necesitaban, tanto mis hijos, como mi esposo. Hice una cita con mi amante y recuerdo que hicimos el amor hasta el cansancio, recuerdo que no hablábamos, que amanecimos juntos amándonos simplemente porque él debía regresar a su hogar y yo igualmente…

Tal vez estábamos los dos comprendiendo el daño mutuo que nos hacíamos con nuestra relación al igual que a nuestras familias.  Llovía, llovía mucho y dejamos nuestra cortina en alto…

El cielo, las estrellas fugases en una noche de lluvia, las nubes grises, el frío de la noche… Parecía que todo se confabulaba en nuestro favor… Éramos él y yo, solo los dos.  Experimentábamos tal vez lo que nunca sentimos el uno por el otro...  Sabíamos que nos estábamos despidiendo con nuestro último abrazo y beso en aquel frío amanecer.
**Fondo musical: Adiós dijimos Adiós - Tormenta**

Me fui a casa con los míos, sollocé mucho durante mi camino y llegué directo a la ducha.  Por primera vez sentía mucha vergüenza de las miradas inocentes de mis hijos y de la mirada de reproche, que sin pronunciar palabra alguna, me daba mi esposo. ¡Oh Dios! Exclamaba dentro de mí… ¿Qué hice?  Igual me lo preguntaba a mí misma. Estaba viviendo una sub-realidad:

Por un lado, experimentaba felicidad recordando la noche de anoche en compañía de quién me prometí nunca más volver a ver y por demás, experimentaba alegría, porque me había propuesto iniciar una nueva vida en felicidad con mi familia porque dentro de mí, algo me decía que estábamos frente a un Maro de Tiempo en Pandemia, que traía enseñanzas personales y decidí que sería en felicidad no solo para mí, sino también para los míos, incluyendo a mi esposo.

Fue entonces cuando decidí que hablaría en la intimidad de nuestra alcoba, con mi esposo… Decidí sincerarme con él y hablarle de lo sucedido en mi vida anterior. Mi sorpresa fue mayúscula ante la reacción de éste, pues me indicó que igualmente él también tuvo su experiencia, porque ante mi abandono, también tenía a otra persona. Fue un diálogo entre pareja muy especial para los dos…

Le admití que me contara cuando fue la última vez que la vio e incluso le pedí que me contara detalles.

Empezó por decirme que era solo algo pasajero porque siempre me había amado con locura, que era yo la mujer de su vida y que si yo estaba de acuerdo con él, podríamos reconstruir de nuevo nuestro matrimonio y ocuparnos de nuestros hijos como pareja.

Ante todo, quería escuchar masoquistamente, como se dio su último encuentro con ella y él con dulzura empezó su relato: Fue a mi regreso de España, llegué al aeropuerto porque salí sin despedirme de ella, quería evitar este final que me tenía intranquilo, porque de todas formas había decidido cambiar mi vida en bienestar a tu lado y para nuestros hijos. Me bajé del taxi y allí estaba ella… Me dijo que sabía lo que estaba pasando y entendía mi cobardía por no haberme despedido de ella.

Me invitó a subir a su coche y cuando me di cuenta, estaba en una cabaña a solas con ella. (Fue el día que perdí mi vuelo). Mi esposo continuaba casi sin mirar mi rostro de asombro ante él. Debo confesarte que llovía mucho… Que a través del tejado de la cabaña, se sentían las gotas fuertes y eso nos arrullaba…

Era como si todo conspirara en aquella despedida donde casi no pronunciábamos palabra alguna, la naturaleza era nuestra cómplice y el viento fuerte nos impulsaba a cobijarnos el uno en el otro... Debo contarte que fui muy feliz haciendo el amor con ella por última vez antes de mi viaje, pero igual tienes que saber que ahí te estaba pensando y que tal vez no fue a ella a quien amé en aquel lugar, porque mi pensamiento estaba contigo. Creo que fue contigo con quien estuve en aquella cabaña.

De la nada, se generaron entre nosotros, solo miradas... No había reproches de parte de ninguno de los dos hacia el otro... Fue mágico aquel momento en donde simplemente nos amamos... Recuerdo que los niños entre abrieron nuestra puerta, pero se fueron a la sala de nuestro hogar, con una sonrisa en sus inocentes labios.

A nosotros tal vez no nos interesaba en aquel momento aquello, porque mágicamente, otra vez la lluvia nos acompañó... Decidimos dejar abierta nuestra cortina que lindaba con el jardín... Esto lo hicimos porque tanto mi esposo como yo, habíamos concluido con nuestros amantes bajo la lluvia y pensando el uno en el otro, así que sabíamos que la lluvia era nuestra... Nos amamos infinitamente y sabíamos que nuestros niños estaban compartiendo nuestra felicidad.
**Fondo musical: Cierro mis ojos  - Raphael**

El resumen de todo esto, es que este Marco de Tiempo en Pandemia, nos resultó muy propicio para entender que teníamos un hogar lindo, que éramos privilegiados porque teníamos tres hijos y los cinco gozábamos de excelente salud y provisión divina de Dios para sobrellevar nuestra cuarentena en abundancia de alimentos y mucho amor en unidad familiar, por lo que ambos concluíamos que definitivamente El Mundo es de Dios.

No hubo más que hablar entre nosotros, sabíamos que Dios nos estaba dando otra oportunidad y los más beneficiados, nuestros hijos a los cuales nos hemos dedicado por completo.  Hoy puedo decirte que somos una familia feliz; Estudio con mis hijos, aprendí a cocinar de la mano de mi colaboradora en casa, cuido de mi esposo y él de mí y los dos, de los niños.  Hemos rescatado nuestra familia y siento que somos felices.
**Fondo Musical:  Amo mi Familia – Lau Castillo**

**Autora:**
Creo que en la vida todo tiene su ¿por qué?... Para la familia de Gemma fue un rescate en felicidad que Dios les prodigó y que ellos aceptaron. Sea cual sea la circunstancia, el perdón es algo que libera el espíritu y empezamos a ser felices.

Es menester personal adivinar y elegir las opciones de vida que nos brinda Dios, el Universo y el aquí y ahora. Es evidente que el tiempo los favoreció y la actitud de ustedes en positivo, estuvo a su favor. Creo que fue lindo entender que el tiempo era hoy, porque después... no se sabe si se alcanza o llegará. Felicidades.
**Fondo musical: Gracias Señor – Joan Sebastián**

**Los vendedores informales:**
En cuarentena, se ha generado el desespero de las personas por no contar con dinero suficiente para la adquisición de alimentos básicos para su familia... Se generan las manifestaciones de quienes se creen con derecho a reclamación ante sus gobiernos en las diferentes naciones y ciudades.

Igualmente la desesperación los lleva a incumplir las normas de protección como lo esencial: Un tapa bocas, unas gafas que cubran sus ojos, un frasco con un poco de agua con alcohol desinfectante, o quizás con cloros o algún otro por el estilo. A esto último, hay que sumarle el hecho de que muchos no creen en la existencia de una pandemia sobre la humanidad en el presente año 2020.

Se generan discordias entre grupos, hay violencia en sus exigencias hacia el gobierno y adquieren derechos de bloquear calles y así mismo, el transporte público.

La mayoría de estas personas, increíblemente resaltan el hecho de no tener dinero para sus necesidades básicas en familia, pero igualmente no buscan la salida a la situación y piensan que constituyéndose en problema sin solución, es como van a obtener respuesta del gobierno.

Se han generado exigencias, pero su poco cuidado personal, les ha llevado a contagiarse sin remedio, dado que parece que anteponen su interés personal en fomentar la discordia, a su salud.

Igualmente el caso de la gente que desea sacar provecho de la situación y han pretendido postularse para las ayudas del gobierno, sin tener necesidad de ello, porque cuentan con un familiar dispuesto a colaborarles y que de hecho, ya lo está haciendo.  Pero para este tipo de personas, no les es suficiente y pretenden simplemente acaparar más y en su enojo por no obtener lo que desean, simplemente están en las filas de los marchistas reclamantes ante un gobierno que hace todo lo posible por ayudar al más necesitado.

Es increíble que existan personas de este tipo, porque no les cabe en la mente que si obtuvieran dicha ayuda, se la estaría quitando realmente al que sí la necesita de verdad. Creo que es un llamado a la gradualidad mental de toda persona, para que mire a su alrededor y sepa que hay quienes necesitan más que ellos.

**Caso especial de Martha:**

Vendedora de rosas en la calle… Lo que vendía hasta antes del 22 de marzo del año 2020, le alcanzaba para convivir de una manera cómoda, pero sin sobrantes; Jamás pensó en ahorrar, vivía el día a día con su hija adolescente que afortunadamente se dedicaba con ahínco a sus estudios de bachillerato.

El presente Marco de Tiempo en Pandemia, se ha constituido para Martha, en un problema para la consecución del sustento diario, porque nadie compra ahora sus flores. Tenía arrendado un pequeño local en las afueras de un súper mercado de cadena. Debió entonces entregar dicho local y todos los días piensa como conseguir víveres para ella y su hija.

La verdad, es que Martha es una persona trabajadora y cree que todo llega con esfuerzo. Pero: El presente tiempo ha despertado en ella su impaciencia, porque ya nadie le llama para un pedido de sus flores, ni tampoco encuentra una salida. Vive simplemente el momento y hasta está vendiendo sus artículos de hogar para su sustento diario.

La gran contradicción de Martha es en hacerle saber al mundo mediante su pregonar, que necesita mucha ayuda económica para ella y su hija, porque no tiene un alimento en su mesa, pero Colombia ha programado un <<Día de compras sin Iva>>. Esto ha generado que Martha desee cumplirle a su hija el sueño de tener en su sala, un televisor muy grande y es por ello que sin pensarlo dos veces, ha acudido el día 19 de junio a los almacenes…

Lo ha hecho sin protección y se encontró con gran aglomeración de gente.  Esto a Martha no le importó, tal vez por mucho amor a su hija, fue muy inconsciente, se insertó entre la gente y parecía de prisa por encontrar el televisor que con mucho amor llevaría a su hija.

No tenía dinero, así que decidió que lo compraría con una tarjeta que poseía de crédito Codensa.  Ella no previó el peligro que corría y solo pensaba en la alegría que brindaría a su hija;  Así mismo no analizó el hecho de que ahora ahorraría un porcentaje en su compra, pero su tarjeta, le cobraría un interés bancario e incluso un poco más alto y mensual, que el dinero que aparentemente se ahorraba en esta fecha por la compra de su artículo.

No le importaron las críticas y mucho menos las consecuencias.
**Fondo musical: Digan lo que Digan -  Raphael**

Pasaron cinco días en mucha felicidad con su hija y disfrutando de aquel aparato de tv que consideraban un lujo en su casa... Ya no había más disfrute... ¿Qué pasaba?... ¿Acaso no era eso lo que la hija de Martha un poco caprichosa, deseaba?  Martha estaba contagiada de aquel virus mortal que se hallaba circulando por el mundo entero. Estaba en una cama de hospital y su hija había tenido que vender su tv a un precio más bajo del comprado, para sostener sus gastos momentáneamente.

**Autora:**

Existen diferentes amores de madre y todos tienen su ¿por qué?... Martha en su condición de madre soltera, pensó que multiplicando sus esfuerzos y a lo que éstos le dieran, haría feliz a su hija prodigándole todo aquello que le pidiese. Nunca le puso límites a su hija, no había formación diferente al cumplimiento de sus caprichos y esto la llevó a ocupar una cama en las UCI de su ciudad.

Los hijos necesitan límites dentro del amor cotidiano que se les brinda y esto los hace crecer en equilibrio. Ellos necesitan aprender. Hay cosas que se pueden negociar, pero otras en cambio, no, porque también debe existir la autoridad del padre o de la madre que en un momento determinado, está siendo guía de esa personita que apenas se está formando como ser humano desde su nacimiento.

Los hijos necesitan equivocarse, tropezar, aprender de sus propios errores, hacerse cargo de sus propias responsabilidades, solucionar sus propios problemas (siempre y cuando no sean tan graves, que requieran la intervención de sus padres, claro está); requieren de conocerse a sí mismos y necesitan que sus padres se los permitan y para ello, es preciso la firmeza de un dirigente sabio constituido como padre o madre.

Es evidente que los menores van tomando su propia personalidad, pero también debe existir una guía que no piense equívocamente que las falencias de amor paternal, se cubren con el cumplimiento de caprichos a la deriva.

Los padres deben saber que están formando líderes para el futuro y es allí donde los resultados se ven años más tarde y llega el resumen de lo que fue la guía del padre o madre; en el presente caso, Martha.   Ella no comprendía que una madre debe ser más que una amiga para sus hijos y que debía siempre ayudarle a solucionar sus errores, más no resolvérselos aún a costa de su propia vida.

La verdad es que en el presente Marco de Tiempo en Pandemia, Martha se desesperó bastante porque ya no podía sostener los caprichos de su hija y esto debilitó su vida.  Tal vez ella no entendió que el presente tiempo era una oportunidad para convertirse en amiga de su hija, en su cómplice, para compartir a su lado cosas cotidianas que nunca pudo hacer porque trabajaba demasiado para ella, porque su hija permanecía sola en casa haciendo su voluntad y con todo a su disposición suministrado por ella.

No entendió que su cariño de madre valía más que los objetos que podía prodigarle a capricho de su hija y no comprendió nunca,  que ser madre es una responsabilidad constituida en regalo de Dios para el 80% de la población femenina a nivel mundial.
**Fondo musical: Así nacemos – Julio Iglesias**

**Los artistas:**
Han  parado las grabaciones musicales y a nivel artístico en general.  Es evidente que estamos ante una crisis sanitaria, económica y social.  Es por lo anterior que se evidencia como algunos actores, cantantes, entre otros, vivían del día a día, vivían de sus contratos presentes y no tenían como costumbre de vida, el ahorro programado para un desastre venidero y mucho menos, como una pandemia en el año 2020.

Hablando del campo actoral, se evidencia que algunos artistas incluso, eran altivos con sus mismos seguidores, ponían un precio muy alto a sus servicios de actuación y su dinero era gastado en fiestas de amigos, viajes, gustos complacidos a ellos mismos y algunos, a sus amigos y familiares, pero jamás un compromiso ahorrativo. Igualmente algunos de ellos tenían trato déspota con los seguidores que consideraban bajos para su nivel o con aquellas personas que estaban a su servicio.

El presente Marco de Tiempo en Pandemia, ha dado lecciones interesantes a todos ellos, aunque entre éstos, también están los del campo contrario: Es decir, los actores sencillos, los que entendían a todos sus seguidores, los que tenían siempre una palabra de agradecimiento para ellos, los que se fortalecían simplemente con un mensaje bonito, los que realmente les importaba el factor humano, antes que un seguidor a su ego personal.

Algunos artistas han tomado este tiempo para fundamentar y enriquecer sus dotes actorales e incluso los demás edad, han aprovechado para aprender a manejar el internet en general, incluyendo las redes sociales, porque aluden que ahora todo es por este sistema y es así como los más optimistas, piensan que no pueden quedarse atrás y menos, porque aspiran a que sean llamados por las programadoras y productoras en un futuro próximo, para la filmación de un nuevo producto. Otros actores por su parte, han tomado la decisión de sumirse en incapacidad mental y se han aislado de sus familias para dedicarse a diferentes actividades como alcoholismo, sexo en internet y otras actividades mundanas que no dejan ninguna enseñanza a su espíritu.

Otra cara de la moneda, son las productoras, quienes se preguntan: ¿Cómo realizarán ahora sus rodajes en medio de una pandemia donde se debe conservar la distancia y se tiene prohibido el contacto físico, significando que deben usar los actores una mascarilla y les está igualmente prohibido el contacto físico?.. Así mismo, estarán obligados a realizar muchas pruebas de covid-19 y todo esto acarreando infinidad de gastos para su productora.

Son muchas incógnitas planteadas para estas personas al mando del séptimo arte. Sin embargo, el espíritu luchador de estos seres humanos, ha dado pie para que realicen reuniones virtuales entre sus colegas y con el público como invitado con voz en los diferentes chats que se causan y entre ellos han encontrado soluciones admirables, como la propuesta de que vuelvan los autocines en los países del mundo.

Nos encontramos ante cambios de vida que significa avance para algunos y el fin del mundo para otros.

Si ahondamos en el campo de los cantantes; Están ante un paro total de vida… Su principal estímulo siempre ha sido para ellos, un aplauso en su tarima y un lindo mensaje en redes sociales, que levanta y estimula su ego de ser el mejor cantante del mundo. Ellos casi que viven de su ego, pero igual algunos han tenido un trato desigual con algunos de sus seguidores. Definitivamente el presente Marco de Tiempo den Pandemia, se ha constituido en enseñanza de vida para ellos. Algunos han tomado la determinación de realizar sus canciones en la distancia y transmitirlas por las diferentes redes sociales…

Otros, han decidido cantarle al mundo a través de la calle puesta como antesala en los edificios de las personas en cuarentena y así adquirir un poco de dinero para su sustento. Los más impetuosos en su comportamiento, han bajado un poco la guardia y ahora valoran más a sus fans. Enseñanzas de vida.

**Caso Roberto:**

Un artista del común que cantaba en varios centros comerciales como solista. Muchas admiradoras a su alrededor por su lindo físico, pero también por su carisma y su cultura personal. Solía tratar muy bien a todo su público, era amable y siempre una palabra de agradecimiento al terminar su show. Contaba con el apoyo de muchos directivos y gerentes de los distintos centros comerciales y por demás, ya conocía a mucha gente de la farándula en Colombia.

Aparentemente Roberto, un chico fuerte, con una linda familia donde él era el centro de atracción, admiración y dedicación, ya que era el único hijo de una linda pareja que se dedicó a su crianza, siendo siempre todos para uno y uno para todos. Eran siempre muy felices.

Cuando empezó el aislamiento social, sus padres empezaron a notar que Roberto no salía de su habitación... Pensaron siempre que estaría componiendo canciones, pues todo lo que cantaba a sus fans, era de su autoría. Así pasaban los días y las noches, le llevaban su alimento a su alcoba y así mismo recogían su loza, pues Roberto no salía de su habitación.

Sus padres empezaron a captar algo malo en su comportamiento y muy preocupados, empezaron a invitarle a caminar un poco, a salir de casa, a respirar aire puro, a cambiar de escenario dentro de su habitación. Nada, Roberto no aceptaba cambio alguno... Se tornó altivo con sus padres, cerraba la puerta bruscamente ordenándoles que se fueran de ella. Allí empezaba el desconcierto de sus progenitores.

Así mismo, Roberto rechazaba las visitas de su principal fans, que igual era su vecina y se preocupaba por él, porque lo amaba en secreto. Tal vez él lo sabía, pero la verdad es que ésta chica no le interesaba. Los padres de Roberto sufrían un poco por esto, porque el encierro de su hijo les preocupaba cada vez más.

Era una mañana de mucho sol, vislumbraba esta pareja, un lindo día de cuarentena en el que programaban visitar el parque y disfrutar de la naturaleza, pero sabían que serían muy felices con el acompañamiento de su único hijo; Así que se dirigieron a su habitación y con extrañeza vieron que la bandeja de su desayuno, no estaba en la puerta... Pensaron entonces que todavía desayunaba, pero esto les dio ánimo para tocar a su puerta para que les acompañara en su linda caminata proyectada en aprovechamiento de un lindo sol que el universo estaba otorgando a su ciudad.

De repente pasa por allí la señora que les colabora en los oficios domésticos y les informa que el joven no le abrió la puerta para entregarle su desayuno y por ello lo devolvió a la cocina. Esto hace reaccionar a los padres de Roberto, intuyendo lo peor; Abren la puerta de manera brusca, pues tenía seguro su chapa. El espectáculo no se hace esperar, allí, en su cama, aparentemente dormido, pero con una palidez infinita, yace el cuerpo sin vida de su hijo... Éste se ha quitado la vida con una sobredosis de pastas.

El caos de la familia no tiene límites, en el momento no saben qué hacer, solo se miran y sollozan con muchas reclamaciones ante su hijo, quién no pudo soportar una cuarentena donde ya no tenía a sus fans delante de él, con aplausos y palabras de adulaciones para su ego.

Su tristeza lo había llevado a tomar la decisión de dejar este plano físico y jamás pidió ayuda.  Parecía que vivía por su mundo y nada más le importó.

No tuvo en cuenta el sufrimiento por su acto que daría a sus padres, no tuvo en cuenta que sus fans también sufrirían y que le estaban esperando y simplemente en su ego egoísta, importaba él y solo él.  Así hasta su débil determinación de salir de su cuerpo físico por voluntad propia y no del Creador.
**Fondo musical: Desde el Abismo - Tormenta.**

**Autora:**

Ahora los padres de Roberto han entrado en un abismo, del cual no creen que saldrán nunca, porque era su único hijo. El chico no pudo soportar verse en este momento sin sus fans, sin sus aplausos, sin su reconocimiento personal por su linda voz, sin todo aquello que según él, era su vida y lo hacía grande.

Como autora y testigo de éste hecho, creo que soy impotente para opinar sobre este comportamiento, pero sí es el momento para hacer un llamado a los padres de los jóvenes en el universo, porque es el tiempo de ingeniarnos una nueva actuación de vida, que nuestros hijos sepan que existen cosas diferentes a las que teníamos antes, que si no es posible continuar con ello, hay otras actividades que posiblemente llenen nuestras vidas más de lo que lo hacían nuestras actividades anteriores.

Creo que es menester de cada persona, encontrar la felicidad en sí mismo y más cuando se tiene el apoyo de unos padres, que como en el caso de Roberto, vivían y existían por él. Dios del Universo es el único que tiene la potestad de saber nuestro momento de cambiar nuestro plano físico. Dios al comando de nuestras vidas, porque definitivamente El Mundo es de Dios.

**Los estudiantes adolescentes:**
Esta etapa de la vida es bastante seria para el ser humano; Los jóvenes están aspirando a una graduación de sus colegios y así mismo en los diferentes casos: Terminando su universidad y a la expectativa de un trabajo que les satisfaga su ego personal y se constituya en felicidad por su remuneración económica; en fin, con expectativas altas de vida.

En el presente Marco de Tiempo en Pandemia, los estudiantes de bachillerato, no tendrán un viaje de fin de curso, así como tampoco una graduación digna en sus diferentes aulas del Alma Mater estudiantil. Igualmente no contarán con reunión entre compañeros de curso y todos estos hechos, han sido recurrentes en la vida de los jóvenes, que tal vez, se han constituido en los más vulnerables a nivel mental, del presente tiempo, porque son una población llena de sueños, de esperanzas y pretensiones en crecimiento.

Es así como se da el caso de muchos jóvenes que se han constituido en problema para su familia, porque se han tornado en depresión. Algunos hacen preguntas a sus padres como: ¿Para qué estudie? ¿Para qué me levanto hoy de mi cama? ¿Para qué sigo vivo? ¿Cuál es el objetivo de estar en este mundo? Entre otros... Son preguntas que a veces los padres no pueden responder, porque ellos mismos tienen gran incertidumbre sobre lo que el futuro nos espera en este cambio de vida a nivel mundial.

Diríase que los padres más experimentados de la vida, simplemente le han explicado a sus hijos, sobre el buen cambio que en su profesión estudiada, viene en un futuro cercano...

Resaltan las bondades de lo que puede pasan en x o y gremio escogido por el estudiante y le hacen ver que estamos en un pare provisional y traerá ventajas a su carrera el día de mañana.

Algunos jóvenes lo entienden, otros se tornan difíciles, no soportan el encierro y simplemente salen a la calle, la mayoría sin tener en cuenta las normas de protección impuestas por el gobierno nacional.  Realizan fiestas clandestinas sin medidas de seguridad y a toda costa, desean ser vistos y tenidos en cuenta por los diferentes gobiernos.  Esto en un 60% de esta población vulnerable.
**Fondo musical: Soy Rebelde - Jeannette**

Los restantes, son chicos (as) acoplados (as), han entendido que ahora culminarían sus estudios de manera virtual, que ya no hay reuniones con amigo (as), que deben prepararse en casa para el futuro, que deben ayudar en casa a la unión familiar y constituirse en buen elemento que prodigue la armonía y el amor entre todos para un mejor entendimiento de convivencia.  Es así como entra a jugar la crianza que a la fecha el joven ha recibido de sus padres... Las enseñanzas en amor o desamor dados al ser humano desde su nacimiento; La forma en que le consintieron sus caprichos, la manera del trato otorgado y su felicidad establecida a costa del ¿Qué?...

**Caso Ricardo Giraldo:**
En el presente Marco de Tiempo en Pandemia, este chico terminaba sus estudios de aviación y ya tenía dos propuestas para empezar a desempañarse como piloto comercial en dos aerolíneas.

La aviación paró definitivamente, se estableció el cerramiento de fronteras y a nivel de turismo, éste paralizó totalmente sus actividades. Así mismo, nadie viajaba por negocios y menos por placer, no había vuelos diferentes a los establecidos como humanitarios, los cuales traían y llevaban a las personas atrapadas en otras ciudades o países. Todo era parálisis total en el tiempo.

Ricardo, aquel chico orgulloso del término de sus estudios, se desubicó un poco, no comprendía en un principio lo que pasaba, no podía dar crédito a que su estudio no tuviera fundamento según su pensamiento de aquel momento, no podía coordinar su mente y solo miraba a su alrededor.

Él, siempre un chico que a sus escasos 23 años de edad, había demostrado pensamiento de avance, buen criterio para resolver las circunstancias, alegría y felicidad que contagiaba a sus amigos y compañeros en su entorno...

No sabía cómo comportarse ahora. Fue por ello que tuvo cinco días muy mal mentalmente; Se encerró en su habitación y escasamente recibía su alimento allí. Lloraba y chateaba mucho sin que sus padres tuvieran la oportunidad de saber con quién o qué clase de ideas estaba intercambiando. Era un mundo diferente al que se enfrentaba ahora.

Este chico tiene la fortuna de contar con padres que saben respetarle sus ideales y optaron por dejarle solo por tres días, al cabo de los cuales, le hablaron en un diálogo de comprensión y le explicaron que lo que estaba pasando no dependía de su academia de aviación, tampoco de su ciudad, ni siquiera de su país…

Le explicaron que se trataba de una inconsistencia de la naturaleza y era a nivel mundial y que así lo debía entender él.  Así mismo le hicieron ver que habían habilitado el transporte público con un lleno de solo el 30%  y que así mismo, estaría establecido para la aviación, hecho éste por el que sus padres consideraban que una vez reactivada la aviación, eso significaba que iban a haber más vuelos y acto seguido, la necesidad de contratar más pilotos para más vuelos en todas las áreas.

Como resumen, él debía entender que solo era cuestión de paciencia y al término de todo esto, su trabajo Dios mediante, estaba garantizado.  Los padres de Ricardo le hicieron entender con amor, que éste era precisamente el tiempo en donde debíamos demostrar como seres humanos, nuestra fortaleza, nuestra grandeza de espíritu… Le hicieron ver con amor, que El Mundo es de Dios y que él no sería la excepción en merecimiento ante Dios.

Le dieron muchos ánimos a su hijo, porque siempre han considerado que en las crisis, se establece la grandeza del ser humano.  Sus padres, hablaban en nombre de Dios.  En la debilidad de Ricardo, Dios daba la pelea por él.

Ricardo, quién había siempre sentido amor y respeto por sus padres, les abrazó con dulzura entendiendo lo que pasaba.

Reaccionó positivamente a la conclusión y explicación de sus padres y se recuperó de un modo satisfactorio. Como resultado de lo anterior, decidió que ayudaría al planeta con sus actuaciones y con todas las normas de seguridad, invitó a sus amigos a que le siguieran en su iniciativa y empezaron un día a colaborarle a las personas de la tercera edad, en cuestión de la reclamación de sus medicinas, para que éstos no tuviesen que salir a la calle a exponer su salud.

Los padres de Ricardo, los más felices con su comportamiento. Supieron aquí que le habían dado excelentes bases y formación de vida a su hijo, porque les parecía una linda labor y buena forma de invertir positivamente el tiempo.

Esta historia pertenece tal vez al 30% de la población mundial que ha sabido ser felices de alguna manera, empleando de forma productiva, el tiempo de la cuarentena establecida por los gobiernos a nivel mundial. Para esta familia, un triunfo de vida que se generó en la debilidad establecida cuando muchas personas se encierran sin ver la salida correcta.
**En la Debilidad – Jan Love**

**Autora:**

Es lindo el balance anterior, es hermoso encontrarse familias que dialogan, que sacan fuerzas de las contrariedades de la vida y le ven el lado positivo a cada fenómeno contrario, que tienen un consejo oportuno para que sus seres queridos sepan que las falencias familiares se afrontan con amor y un esfuerzo a tiempo, es válido para no desmoronarse en tristeza.

Porque siempre hay un mañana, porque éste se vislumbra en felicidad, porque se debe tener la esperanza de una oscuridad pasajera, porque una vez haya pasado, tendremos el doble de felicidad que anhelaba nuestro corazón y esto último es indudable, porque simplemente: El Mundo es de Dios.

**Los estadounidenses con sus diferentes modalidades de robo:**

Particularmente en Colombia, se ha perseguido bastante el mal llamado sueño americano, especialmente en las mujeres. Éstas últimas han pensado que la vida en Norte América es mejor y se vive con solvencia y oportunidad para los suramericanos especialmente y oportunidades en dignidad para los seres humanos en busca de un mejor mañana, sin importar clase social o las circunstancias de donde proviene la persona.

Lo anterior, sin contar con que una gran parte de la gente (especialmente los indocumentados), vivían en los Estados Unidos de Norte América, sumidos en la pobreza extrema, confinados en habitaciones de hasta seis personas o más y con trabajos de explotación a nivel de salario. Humillante esto último.

En EE.UU, sube vertiginosamente las víctimas de una pandemia que el presidente Donald Trump no ha sabido afrontar y es así como los infectados ascienden a más de ciento cincuenta mil perjudicados.

Lo anterior se ha constituido en una guerra abierta con sus colaboradores, entre ellos: Bill de Blasio, quién le acusa de haberle dado la espalda a Nueva York. Se constituyen los EE.UU en una evidencia abierta ante el mundo, dado que la opinión general, es que tienen un mandatario de intereses personales y no en pos del bienestar del imperio aludido. Es realmente dramático este proceso en Norte América y ante el mundo, se catalogan como los más desafortunados por la pandemia denominada Covid19.

Siendo evidente la casi caída de un presidente en apuros, éste toma la determinación de suspender los aportes económicos de su país a la Organización Mundial de la Salud (OMS) y les acusa de ser cómplices de China, según él, por ocultar información sobre el brote en su fecha original. Se hacen aquí muchas especulaciones sobre si se trata de un error de laboratorio o de un mercado Wuhan.

Lo anterior, ha generado bastante desempleo incluso para los mismos estadounidenses, quienes con evidente desespero, buscan opciones por el mal camino de las estafas, tipificadas hacia las mujeres especialmente, aquellas en busca de un falso sueño americano.

Es por ello que Fanny, nos relata la experiencia que quiso por cuenta propia, investigar sobre el comportamiento de los hombres en los Estados Unidos y la evidencia de su miseria humana en el presente Marco de Tiempo en Pandemia, no se hizo esperar: Abrió una página en redes sociales para promocionar solamente sus productos y la idea de tal investigación, llegó a ella porque empezaron a escribirle y a seguirla, muchos de ellos, con la intención de iniciar una falsa relación romántica con ella, pero en realidad, lo que deseaban, era realizar su gran estafa, en aprovechamiento de la que ellos imaginaban, era una débil mujer a merced de los mismos.

**Relatos de Fanny:** Me contactaron varios;  entre ellos:

Orson Smith:
Este hombre era igual de sucio que todos...  Me decía que me amaba con tres días de escribirme que era bella, que tenía mucha suerte al haberse encontrado conmigo y que ya me consideraba su esposa porque quería casarse conmigo tan pronto la pandemia pasara.  Que vendría a buscarme cundo todo esto terminara  y  que  me  amaba infinitamente.  Al cuarto día me estaba proponiendo pornografía virtual, era un asco de hombre y con la primera foto desafortunada que me envió, por supuesto que quedó bloqueado para siempre.  Igualmente me pidió que le enviara fotos mías desnuda y se enfadaba por mis negativas.  No le discutí, solo lo bloqueé para siempre y lo anulé en mis redes.

John Mark:
Este personaje fue muy típico: Se presentó como un petrolero muy distinguido, supuestamente viudo y con un hijo de 12 años.  Según él, vivía en Texas y estaba cumpliendo una misión en Irán.  Su hijo lo tenía en un internado, porque el pobre era solo en el mundo y no tenía quién se lo cuidara.  Al otro día de contactarme, me escribió un supuesto hijo, que me pedía que por favor dejara que me llamara <<mamá>> porque su padre le había hablado de mí y yo era la madre que él necesitaba.  (Todo lo anterior con solo una foto que miró de mí en las redes sociales).  Acto seguido, al cuarto día, me estaba diciendo que su padre no le había dado el dinero para la matrícula de su colegio y que necesitaba que le enviara de manera urgente, la suma de US$1.500.

Como John, me contactaron casi diez americanos que pensaban haber encontrado en mí, la solución a sus problemas.  Por supuesto que mi propósito, era solo explorar esta modalidad de estafa, para transmitirla a la autora, pero jamás he estado interesada en un falso sueño americano.

Christopher:
Este personaje me hizo dudar un poco:  La verdad es que no destapaba sus cartas y confieso que le seguí la corriente por espacio de dos meses;  Era caballero, todavía no pedía dinero, decía cosas lindas y decentes, también se quería casar conmigo y al igual que los demás, me consideraba su esposa.  Supuestamente tenía planes para los dos, hablaba de que él aprendería a hablar español y yo, inglés.  Era romántico y respetuoso, por lo que llegué a considerar el cambio de mis planes de vida.  Realmente le estaba creyendo hasta que llegó el día indicado porque simplemente no se puede fingir tanto tiempo.  Cierto día me contactó y me pidió un favor…  Oh, exclamé dentro de mí, sabía que vendría su fatídica petición.

Christopher quería que yo me entrara a su cuenta bancaria supuestamente para realizar un pago a un proveedor de muebles que había comprado para nuestra convivencia en los Estados Unidos de Norte América.  Me dijo que me daría la clave de dicha cuenta y que allí le enviara pantallazo de todo.  Intuí que lo que deseaba en realidad, era que yo jackeara una cuenta bancaria de un supuesto Christopher que por supuesto, no era él.  Se impacientó mucho porque no lo hacía, aludía que todas las mujeres le daban la espalda;  En conclusión: Que era un mártir víctima del mal trato de las mujeres.                    .

Esta fue la ocasión en que insistentemente me pedía que por lo menos entrara a la cuenta y al quedarse sin respuesta de mi parte, optó por darme un pequeño insulto y salió de mi vida. Este hombre es un mal llamado militar de los EE.UU o por lo menos, así lo demostraban las fotos que me enviaba, incluso con sus supuestos compañeros de trabajo.

Robert Luthor:
Esta persona me contactó y al igual que los demás, deseaba dinero. Su estrategia era pedirme que le enviara fotos de mi familia porque también ya era la de él. Oh, oh, exclamaba dentro de mí. Mi familia nunca ha estado en discusión y por supuesto que quedó bloqueado de inmediato.

Newman Lakers:
Este sujeto igualmente después de tres días de decir que me amaba, me dijo que tenía una caja de seguridad en un banco en Irán donde cumplía una misión, pero que necesitaba sacarla de allí y su contenido era muchas barras de oro y además, un millón de dólares en efectivo. Me pidió que escribiera un correo a la supuesta empresa donde estaba la supuesta caja de seguridad. (Valga la redundancia).

Por curiosidad lo hice, quería saber en qué consistía esta modalidad de estafa. Fue así como recibí un correo en el que me decían que debía depositar cinco mil dólares a una cuenta porque esos eran gastos de impuestos y transporte.

Hasta aquí, tal vez entendible, pero no así cuando se lo comuniqué a Newman y me indicó que le ayudara con ello, porque allá él no tenía dinero porque éste estaba en una supuesta cuenta bancaria de Texas, su lugar real de residencia.

Aquí lo entendí, quería que pagara un dinero por una caja que no existía, porque igualmente le indiqué que podían sacar ese dinero del supuesto millón de dólares, que decía él, había dentro de la caja y en efectivo. Su negativa era evidente y fuerte. Por obvias razones, igual quedó bloqueado.

**Rolland Wolfe:**
Otro gringo con deseos de dinero: Con la misma estrategia de los demás en poco tiempo, me preguntó cuándo era mi fecha de cumpleaños y acto seguido, me dijo que me enviaría un regalo. Pasaron dos días y me envió varias fotos de carteras muy bonitas, collares, pulseras y demás. Acto seguido, me puso una foto de un portafolios con muchos dólares y me dijo que había un millón de dólares, a lo que le respondí que debía guardarlos muy bien. Sin embargo, me solicitó la dirección y con mucha duda, le puse otra muy diferente y lejos de mi casa.

A la próxima semana, me estaban contactando por correo de una supuesta empresa de correo en Venezuela, porque el supuesto envío, entraba por allá. Jamás entendí si era para un país, ¿porque debía ir a otro?... y por demás, que éste país estaba solicitando por impuestos quince mil dólares, porque supuestamente él había enviado en mi paquete, el millón de dólares de la foto aludida.

Igualmente le indiqué que los cancelara o en su defecto, los pagaran igualmente del contenido del paquete. Su respuesta fue que ya nada que hacer porque el paquete ya no lo controlaba él, pues había salido de su país y era a mí a quién me correspondía dicho pago. Igualmente aquí se generó su bloqueo inmediato.

**Kelly Felman:**
Un supuesto piloto de aviación… Después de dos días de conquista en las que se desvivió enviado fotos de quien era, con un atractivo uniforme de piloto comercial de aerolínea, pidió el favor de que le comprara una tarjeta Amazon de 500 dólares. Igualmente solicitó que le consignara de manera urgente, la suma de us$400, porque debía comprar tapa bocas especiales para la aerolínea, pero con la promesa de pagarlos a su venida a mi país, para conocernos y casarnos.

Éste personaje fue bastante insistente, aparecía con nombres diferentes y me decía que era por mi bloqueo que le tocó acudir a este recurso. Siempre me decía que me amaba mucho, pero acto seguido, insistía que de verdad necesitaba us$400 y que le consignara pronto por favor, que así podría trabajar y venir pronto para casarnos. Opté por simplemente ignorarlo cuando me daba cuenta de que era él. Creo que le realicé aproximadamente seis bloqueos. Entiendo que estaba desesperado.
**Fondo musical – El me Mintió – Amanda Miguel**

**Autora:**

Es evidente la forma en que EE.UU sueño de muchos añorado, cae y pone sus cartas sobre la mesa en el presente Marco de Tiempo en Pandemia... Los anteriores son solo un resumen de lo acontecido con Fanny, pero como ella, muchas personas que igual me relataron sus vivencias de relaciones fuera de lo común en internet con gente del exterior. Se encontraron con hombres que decían adorarlas y algunas de estas personas que prefirieron quedar en el anonimato, por vergüenza de sus equivocaciones, sufrieron bastante porque de verdad llegaron a ilusionarse con una falsa promesa consistente en que les llevarían a vivir al país de las oportunidades, pero que abruptamente salieron de su creencia.

Algunas personas no han entendido que la vida cotidiana del ser humano a nivel económico, es la misma en todos los lugares del mundo, porque si estás en EE.UU, allí debes gastar dólares al igual que los ganas... Si estás en Europa, igual debes gastar euros, así mismo ganados, igualmente si estás en Colombia, igual gastas pesos ganados diariamente; Y así, en todas partes del mundo debes gastar y ganar el dinero de allá y viceversa en una lucha por su economía.

Surge entonces el querer alcanzar la estabilidad económica en los seres humanos, pero que es importante saberla buscar de una manera adecuada, que no te lastime, que no te deje huella de amargura y es posible que tu afán te haga caer en el decline de estafadores al asecho de tu integridad personal y mental.

Tal vez se pensó que los americanos actuarían con rectitud frente al presente Marco de Tiempo en Pandemia y darían ejemplo a la humanidad, pero es evidente que sí lo dan, lamentablemente  de la manera más deplorable.  Se evidencia el desespero por conseguir dinero a toda costa, sin importar a quién se lastima, a quién se vulnera o a quién se le hace daño para siempre, porque si bien es cierto que el caso de Mariela fue fugaz, porque solo buscaba curiosamente indagar sobre los norteamericanos en tiempos de crisis, también es cierto que existe otra gran mayoría de personas que son susceptibles de caer en redes de estas personas y eso sí que es fatal a nivel psicológico.

Mi consejo a todas las mujeres, es el llamado para que no caigan en falsas promesas que NO existen, que NO son ciertas, que por el contrario, evidencian el detrimento de seres humanos, que desean solucionar su situación económica, con una estafa.  De verdad les digo que casarse con un norteamericano, no debe ser prioridad ni tampoco tabla de salvación.

Las mujeres valemos por lo que somos interiormente y debemos buscar dentro de nosotros la solución a todos los inconvenientes presentados y no exponernos a inoportunos sucesos que solo dejarán daños psicológicos en nosotras.

Igualmente les expreso que pronto llegará el día de tu suerte, si así lo deseas. El día en que relajadamente esté alguien en tu vida, que te valore, que te ame como tú te lo mereces, alguien que decida caminar a tu lado, alguien para quien tú seas muy importante y alguien que considere que simplemente es uno contigo.  No lo dudes nunca.
**Fondo musical: Día de la Suerte – Alejandra Guzmán**

**Los artistas principiantes:**
Este gremio ha sido bastante golpeado por el presente Marco de Tiempo en Pandemia; La mayoría de ellos cantaban en centros comerciales, bares, restaurantes y algunos, daban sus serenatas contratados por los novios, esposos, hijos hacia sus madres, en fin… Todo era motivo de felicidad entre las personas y es por ello que estos artistas estaban realmente muy bien posesionados en el mercado.

En la presente vigencia año 2020, algunos han optado por realizar sus espacios musicales en directo y en nombre de un centro comercial que los avala, realizando publicidad para sus clientes en cuarentena.

A otros, les ha tocado salir a la puerta de los edificios a cantar sus serenatas con una tarifa a criterio de lo que las personas puedan colaborarles. Esto es muy lamentable… Estas personas ya no son contratados ni les llaman para un festejo, dado que están prohibidos este tipo de fiestas en todos los lugares y la gente se ha dedicado a realizar un cumpleaños de solo una llamada telefónica o envío por correo de un presente.

Creo que lo anterior, se ha constituido en enseñanza para muchos de ellos, porque en su estatus de artistas con miles de seguidoras en su entorno, se habían portado demasiado mal con éstas… Algunos ya ni siquiera saludaban, porque simplemente se creían la estrellita que todo lo merecía.

**Caso Beatriz:**

Solía visitar un centro comercial donde se había enamorado del artista que allí cantaba;  Éste nunca le miró, pero ella hizo cosas increíbles por él, tratando que alcanzar su cariño.  El menosprecio de este artista por Beatriz, fue único, jamás se dirigió a ella con un gracias en sus labios a pesar de que él sabía abiertamente que era fuente de vida para su más arraigada fans. Empezando la pandemia, le llamó a Beatriz alguien de entera confianza de cantante y le dijo que él estaba ofreciendo eventos musicales virtuales y que tenía un precio si era una hora y otro con descuento si eran dos;  Así mismo le aclaró que era iniciativa de él, que la contactaran para tal fin, porque según esa voz femenina que hablaba con Beatriz, él quería un acercamiento conmigo, aunque fuera de esa forma.  Beatriz con mucha cultura, se negó a lo propuesto y prometió que compartiría la información, pero que ella personalmente no lo tomaría.

La verdad es que Beatriz se sintió utilizada, cómo era posible que ahora éste artista sí deseaba un contacto con ella y por demás, cobrando una cita virtual.  No podía creerlo, se sentía lastimada y utilizada, pero no se alteró ante aquella voz, se limitó a rechazar la oferta sin decir palabra más alguna, porque entendió que este artista estaba mal económicamente y deseaba de alguna manera utilizar su atracción por él, para solventarse un poco su necesidad.  Beatriz también se preguntaba a ella misma: ¿Por qué si los artistas famosos están proporcionando conciertos gratis, porqué debo pagar por verlo a él?  Por supuesto que no lo haría, no había sembrado nada positivo en ella, para que considerara merecimiento.
**Fondo musical: No querías Lastimarme – Gloria Trevi**

**Autora:**

Intuyo que éste artista es buena persona, solo que está vulnerable por su situación económica actual. Pienso que Beatriz hizo bien al defender su integridad y dignidad personal, porque jamás debemos dejarnos utilizar por nadie ni por nada en la vida. Creo que todo ser humano es susceptible de respeto y amor. Aquí se evidencia claramente que la intención era personal y nada tenía que ver con una aceptación a nivel de pareja con Beatriz, por parte de éste artista.

Es importante que Beatriz deje de centrar su atención en esta persona y le dé ese lugar privilegiado a ella misma, porque nadie merece más amor en el mundo, que nosotros mismos. Debe empezar a mirar las cosas que le gustan, buscar programas de crecimiento espiritual, dedicar tiempo a los suyos, regocijarse en eventos lindos que alimenten su espíritu. Creo que es cuestión de aceptación de la realidad, porque nadie puede hacer feliz a nadie, porque simplemente la felicidad está dentro de cada ser humano y es menester propio buscarla.

Existe la posibilidad que de repente pueda la persona reaccionar y simplemente aprender a mirarse como amigos. Esto sería genial, pero si es el caso contrario, entonces la distancia es lo ideal, porque el recuerdo de alguien en nuestra vida, jamás debe lastimarnos. Hay que quererse mucho a sí mismo (a) e igualmente cuidarnos y respetarnos en lo que somos, porque no hay inferioridad de un ser humano hacia otro, NO EXISTE, todos somos valiosos para nosotros (a) mismos y para el mundo.

Mi consejo a Beatriz, es primero: Felicitarla por su determinación de no caer en el juego de aquel chico que ahora quería sacar provecho de ella y segundo, creo que su experiencia de vida, es un aprendizaje que le ha enseñado a valorarse a sí misma, es un camino emprendido que deja huella positiva en su vida, porque no cayó en el juego. Cuando nos enamoramos, percibimos solo lo mejor de esa persona y esto se llama enamoramiento;  Pero pasa el tiempo y conocemos un poco más a ésta persona y es posible que caiga de nuestro pedestal o simplemente deje una bella huella en nosotros.

Creo que debe pensar en lo positivo de todo esto y borrón y cuenta nueva.  En su vida: Solo lo que le de felicidad. Finalmente: Confianza…   Confianza en un Dios que siempre le lleva de su mano.  Adelante siempre.
**Fondo Musical: Vuela águila – Tercer Cielo**

*Me refiero ahora a las personas en general…  Y es porque simplemente…*
***El Mundo es de Dios.***

**Las personas estable a nivel económico:**
Empezando la vigencia del presente Marco de Tiempo en Pandemia, diríase que éstas personas tienen un colchón a nivel de su economía, donde se dice que <<Todo está resuelto>> Es ahora cuando se ha evidenciado su comportamiento: Algunos, han desobedecido a las leyes en su país y optaron por salir de su ciudad, para su casa en las afueras;  Otros en cambio, se han quedado en sus casas y desde allí están trabajando arduamente en lo suyo.

A nivel de empresarios, éstos han tenido que cerrar sus negocios y despedir a sus empleados, lo cual les ha dolido bastante por ellos y por el bajón de su economía, constituyéndose en riesgo de pobreza.

Sin embargo, muchos de ellos se han dedicado a compartir lo que tienen con los menos favorecidos, han hecho donaciones significativas en campañas dedicadas al bienestar y ayuda de los más vulnerables en su ciudad y son muy felices ahora, porque tienen la oportunidad que no tenían antes, de compartir con sus familias y hacer muchas cosas que ahora les llena de felicidad, como el hecho de hacer una pizza con sus bebés, llenarse de harina toda su cara ante un pequeño que sonríe alegremente por su presencia, jugar en el patio de su casa con una pelota y su hijo adolescente o quizás mirar una película en familia.

Estas personas también han decidido invertir en alimentar su intelecto;  Entonces, se han buscado carreras universitarias a distancia, cursos progresivos y de actualización en su rango y hasta de crecimiento personal y espiritual.

Algunas de estas personas, también han tomado otro camino: Por ejemplo, el hijito de papi que creyó que era inmune a todo a su alrededor y se dedicó a realizar fiestas clandestinas con sus amigos, igualmente comprando mucha bebida en los supermercados e ingiriendo hasta droga, porque según ellos, no había más que hacer.

En el rango de los empresarios, también se generó tristemente, el escoger con qué empleado quedarse, pues en el caso específico de los restaurantes gourmet, se generó esta situación, porque definitivamente, los domicilios no cubrían obviamente el mismo gasto con un cliente satisfecho en su mesa.

**Caso del Chef  xxxx:**

Tenía tres meses y medio de haber cerrado su cadena de restaurantes y con mucho dolor, hacía un reportaje en la televisión, donde se daba por vencido, donde no sabía qué hacer, donde tenía una sola sucursal abierta para domicilios y donde sentía que su vida y la de su familia se afectaba demasiado.  Había tenido que despedir al 90% de sus empleados y la vida se le iba, porque su llanto, así lo hacía percibir.

Esta persona siempre fue muy solvente económicamente, al igual que generoso con sus empleados.  Ahora se veía derrumbado y sin saber cómo afrontar este presente que envolvía al mundo entero.  Simplemente no sabe qué hacer y se encuentra derrumbado literalmente.

**Autora:**

Estamos hablando de un Marco de Tiempo en Pandemia, que de alguna forma nos ha tocado a todos los seres humanos en la tierra... Es una realidad que no se puede eludir, porque simplemente se sufre a nivel mundial. Debemos en este momento, demostrar que somos águilas que no nos rendimos ante las adversidades, que la vida continúa, que es cuestión de tiempo y todo pasa, que el Universo, simplemente se está limpiando para ofrecernos un mundo mejor en mayor felicidad y es menester nuestro entenderlo así.

Debemos mirar hacia el futuro, pero también debemos desahogarnos como en el caso del chef arriba mencionado, porque de alguna forma, sus lágrimas sacan lo que lleva por dentro y es así, como su espíritu queda liberado y retoma sensibilidad para un nuevo proyecto. E

Es cuestión de mirar la vida de otra forma, de cambiar pautas con las que vivimos hace muchos años y de las cuales pensamos que sin ellas, no es posible continuar nuestra vida.

En este proceso, se debe simplemente mirar el horizonte que se ofrece a futuro, es pensar siempre en positivo, es buscar alternativas, es no quedarnos en el pensamiento negativo de lo que perdimos  <<entre comillas>>, porque todo tiene un porqué, todo es un camino para algo y con seguridad, mejor de lo que teníamos y tenemos. La vida simplemente nos va llevando y cualquiera que sea su luz que le guía, le hará muy feliz si la invocas solicitando su ayuda en el proceso de cómo salir adelante en la situación que se le presente al ser humano.

Aquí es preciso tomar todo lo que se ofrece en nuestro entorno;  Las empresas de alimentos, ofrecen domicilios para quedarnos en casa, así como todos en su rango.

Es evidente que estamos frente a un llamado al cambio y el balance final, es el impulso que tenga nuestro corazón para no dejarse ante las adversidades y pensar que ese mañana mejor, está ante nuestros ojos y solo puede traer felicidad. Dios al comando de nuestras vidas, porque…

El Mundo es de Dios.

**Fondo musical: Águila – Billy Pontoni**

**Personas pertenecientes a la clase trabajadora:**
Me refiero a la clase trabajadora… A aquellas personas que quizás han dado ejemplo de vida en el presente Marco de Tiempo en Pandemia… A aquellos que se quedaron sin empleo, a aquellos que buscaron alternativas, a aquellos que no se dejaron vencer por las adversidades de la presente temporada…

A aquellos luchadores incansables que se han dicho a sí mismos: <<Ahora es Cuando>> ahora es cuando buscaremos alternativas de vida, ahora es cuando la vida nos está diciendo que existen otros caminos, ahora es cuando si no acudo a mi lugar de trabajo, entonces sé que debo buscar alternativas diferentes, porque simplemente, la vida continua y porque quizás existen unos hijos o una madre, o una abuela a los que hay que alimentar. (Valga la redundancia).

La mayoría de estas personas, se quedaron sin empleo y los más beneficiados, aquellos a los que les asignaron trabajo desde casa. Algunos, debieron acudir a sus amigos para buscar ayuda económica, otros en cambio, buscaron un ¿Qué hacer? En el presente Marco de Tiempo en Pandemia.

Pero se generaba también la situación insólita: El gobierno nacional propuso ayudas económicas para los más necesitados y es en éste caso, que muchas personas se postularon de manera inadecuada, pues tenían la colaboración de familiares y amigos que les apoyaban; Sin embargo, deseaban más ayudas que a veces desperdiciaban; Porque está visto que siempre es mejor enseñar a la humanidad a pescar un pescado que proporcionárselo sin que conlleve ningún esfuerzo.

El apreciar lo que se tiene, es difícil para el ser humano y es por ello que algunos pobladores humanos en el mundo, saben el significado de lo anterior.  La valoración y el agradecimiento de lo que se tiene, es precisamente lo que conlleva a la consecución de más de lo que deseamos.

**Diana:**

Es una chica de admirar... Trabajaba en un centro comercial en la ciudad de Bogotá; Se quedó sin empleo por despido masivo en la presente temporada. Su madre muy enferma y su abuela, muy mayor y de cuidado, ambas bajo su responsabilidad.

Diana tenía una relación de noviazgo con alguien que se estaba constituyendo en su todo, pero este tiempo ha dejado al descubierto quién te ama de verdad, porque quien lo hace en las buenas circunstancias de la vida, igualmente debe estar contigo en las malas. El resumen es que este chico la abandonó, porque percibió la gran responsabilidad económica que ahora tenía su novia y decidió no afrontarla ni mucho menos colaborarle.

Diana entonces tomó la determinación de sacar a su familia adelante; Empezó por contar a algunos conocidos, sobre su situación económica. Ella lo hizo bastante bien, solo contó, no pidió nada.

El hecho anterior, hizo que las personas captaran el mensaje y fue así como algunos se ofrecieron a colaborarle y le consignaron en sus arras, los valores pequeños o grandes que ella valoró palmo a palmo. Acto seguido, Diana empleó parte de ese dinero y empezó a elaborar arreglos tipo anchetas, a modo de desayunos, regalos para cumpleaños, día de la madre, del padre, entre otros.

La propuesta de Diana, fue afortunadamente muy bien acogida por las personas a su alrededor que decidieron colaborarle con la compra de los artículos que promocionaba y publicaba en sus estados en todas las redes sociales.

Es así como ha podido sobrevivir en el presente Marco de Tiempo en Pandemia. Es una persona que no dejó ahogar a los suyos, una joven a quién no le importó que su pareja le abandonase y que decidió mostrarle al mundo de qué estaba hecha.

Es de valores propios, se ama y se acepta a ella misma y sabe lo que vale. Vive su presente y vislumbra en felicidad el futuro próximo; No le teme a la vida. Es muy espiritual y eso la lleva a ser muy agradecida con Dios y con el Universo. Dice que el trabajo, sea cual sea, es su pasión. (Antes era asistente administrativa en aquel centro comercial que también le dio mucha felicidad y estabilidad económica).

Sin embargo, entiende la situación actual y no se aferra a ese pasado inmediato, si no que suelta un poco, obviamente una vez pasada su nostalgia y sigue adelante. Lo primero que hace al amanecer, es cuidar de su alma y su espíritu y para ello, practica yoga y ejercicio físico. Ama demasiado a su madre y abuela y sabe que ella está al comando, así que su propósito es no defraudarles.

**Autora:**
Diana es admirable, creo que es ejemplo de vida para muchos. Como Diana, existen bastantes personas a la fecha, pero igualmente, existen los que decidieron enfrentarse de mala manera a los gobiernos con el fin de recaudar una ayuda económica de forma cómoda, porque deciden que si estamos viviendo una cuarentena, es menester del gobierno sostener sus gastos.

Ésta última opción es equívoca, pero cada persona es respetable en su modo de pensar y actuar. Lo que sí se debe tener en cuenta, es la ley de causa y efecto, porque simplemente las situaciones son manejables en bienestar y actuación del aquí y ahora y es por ello que tenemos el ejemplo de vida en Diana.

**Lo decía Benjamín Jonson: <<*Quién no ha afrontado la adversidad, no conoce su propia fuerza*>>;** Es por lo anterior, que existe gente tóxica que le hace daño a tu vida y lo contrario, gente que parece ser muy medicinal, porque te curan tu espíritu con su sola presencia. Mi consejo es que la vida nos lleva, así que no hay que suponer, solo hay que limitarse a desarrollar lo que le hace bien a tu situación actual…

Pensar que puedo obtener la más linda ayuda y cooperación del mundo entero, pero que así mismo, partiendo de que todos tenemos algo con qué contribuir a nuestro prójimo, es nuestro deber también mirar alrededor y vislumbrar la necesidad de la otra persona, porque hasta con un consejo oportuno, puedes sacar del abismo a otro.

Jamás debemos decir que no tenemos nada con que colaborar a otra persona, porque siempre hay algo de calidad en ti, que si lo exportas, será de gran utilidad al necesitado y se constituye en satisfacción propia para tu espíritu.

Igualmente en este lapso, se puede intentar estimular tu intelecto, con un libro en tus manos, con unas letras entre tus ojos… Bastará para adquirir sabiduría de parte de sus autores y es allí, donde de repente viene la solución a nuestros problemas, porque no es interés del universo, verte en el fango…

Esto último – nunca – porque el ser humano, fue creado para ser muy feliz en la tierra, pero igualmente, la misma está dentro de sí mismo, entonces es cuestión de ocuparse en labores que den felicidad a la persona y esto le llevará a aclarar sus ideas y no a pensar en la situación crítica que está atravesando.

**Fondo musical: Kike Pavón – Empezar de Nuevo**

**Personas menos favorecidas económicamente:**
Entre éstas personas se ha generado un Marco de Tiempo en Pandemia un poco fuerte y les ha tocado realmente asumir experiencias duras como por ejemplo:  No tener dinero para pagar un arriendo, no poder sacar su puesto de cigarrillos y tintos a la esquina de su casa para venta informal, no tener dinero para cancelar el estudio de sus hijos, no contar con un computador para que éstos estudien virtualmente como es la exigencia actual, no contar con ayuda de nadie a su alrededor, porque simplemente todos están en la misma situación a nivel de economía.

Las leyes colombianas exigen cuarentena en todos los niveles, pero a pesar del subsidio ofrecido a los más vulnerables en el presente período, no es suficiente, porque existe mucha población infantil que quizás son de más cuidado, además de las personas de la tercera edad. Éstas últimas, incluso pensionadas, sostienen a familias enteras con su escaso recurso.  Es una situación lamentable y es por ello que muchos han optado por salir a solicitar ayuda de manera inadecuada, porque han realizado manifestaciones con bloqueos en las calles de cada ciudad, igualmente han reclamado sus derechos ante el gobierno, pero de mala manera.

Por supuesto que entre esta población, también encontramos personas de mucha superación personal... Personas que se tomaron la vida en serio y que buscaron alternativas para sobrevivir.  Es así como algunos decidieron ofrecer sus experiencias a los diferentes restaurantes y así mismo, se han constituido como mensajeros en los mismos, han servido de apoyo a otras personas para reclamarles sus medicinas, para hacerle sus vueltas bancarias, entre otros.

**Caso Martha Morales:**
Es empleada en servicios varios de un edificio de propiedad horizontal. Ella se ha dedicado a realizar los mandados de todos en este entorno, labora cuatro horas y luego se dedica a sus clientes. Cada uno de ellos, le paga un dinero que ella considera extra por sus ayudas a nivel personal a las personas del edificio.

Eso hace que lleve el sustento diario a su casa. Igualmente se protege mucho, debe tomar transporte público a diario y ello la hace más vulnerable al contagio de la presente pandemia. Sin embargo: Martha confía en Dios, sabe que sale todas las mañanas de su casa, segura de que así mismo volverá y es porque ella no tiene miedo, sabe que no pasará nada diferente con ella y su familia, que no sean los planes de Dios, porque simplemente entiende satisfactoriamente que EL MUNDO ES DE DIOS.

**Caso Enrique:**
En cuarentena, ya nadie compra sus tintos de termo que ofrecía a diario en su humilde bicicleta… El mundo había parado, nadie en las calles, ya no sabía qué hacer, estaba desubicado y tenía dos niños pequeños para alimentar. La ayuda del gobierno, no le era suficiente porque las necesidades de sus niños así lo exigían. ¡Oh, oh! Exclamaba con frecuencia… ¿Qué haré ahora? Igualmente se lo preguntaba… Por instantes dialogaba con su esposa, se amaban mucho y siempre pensaron que su compromiso en el matrimonio, era como lo habían jurado: <<En las malas y en las buenas>>. Su amor y compañerismo les hacía más fuertes, acostaban a los niños muy temprano y se amaban mucho, tal vez para olvidarse de lo que los agobiaba.

La escasez llegaba a su puerta con velocidad apremiante y a veces, no se alimentaban días enteros, porque debían alimentar a sus bebés. Eran felices viendo cómo se alimentaban mientras veían su alacena más vacía a cada instante.

Enrique decidió que saldría a pedir dinero, pero lo hizo de una manera muy particular: Se acercaba a las personas y les decía: -Puedo hacer lo que sea por usted, pero por favor deme algo de dinero o regáleme alimento para mi familia. Las personas se turbaban un poco ante la linda actitud de este individuo que tenía una manera muy particular de solicitar un sustento para sus hijos. Así lo hacía una mañana y una tarde día tras día y llevaba más de la cuenta ahora a su esposa para la preparación de alimentos a sus bebés, siendo una particularidad hermosa de Enrique, éste siempre agradecía a Dios en sus noches y en sus días en compañía de su esposa, lo hacía si tenían algo de comer o si solo para sus bebés, agradecía si se bañaba o si ya les habían cortado el servicio del agua, agradecía si llegaba cansado o con vigor a su casa, agradecía la sonrisa de su esposa, era feliz.

Cierto día, se encontró en su camino a un empresario quién viendo su actitud positiva ante la vida y la forma linda y respetuosa de ganarse la vida, le propuso emplearlo en su fábrica, la misma que antes, se dedicaba a la fabricación de medias para dama, pero que ahora estaban elaborando tapa bocas. Le propuso realizar allí los oficios varios de su fábrica y le prometió un sueldo con un 10% más del actual salario mínimo. Le dijo que lo hacía porque le parecía una persona demasiado valiente ante la vida y que era él, el que necesitaba en la vida.

Igualmente le ofreció todas las prestaciones de ley y esto obviamente cobijaba a su familia, especialmente a sus bebés.  Enrique no lo podía creer su felicidad la exportaba alzando en brazos a sus bebés, de alguna manera, él se laboró su futuro.  Tuvo confianza en Dios, sabía que él era parte del mundo y **El Mundo es de Dios.** Enrique amaba a su familia, todo lo hacía con amor y era muy feliz ahora en tiempos de pandemia.
**Fondo musical: Quisiera Envejecer Contigo - Tormenta**

**Caso contrario Manuel:**
Antes de la cuarentena, Manuel se desempeñaba como vendedor de arepas rellenas y tenía un carro ambulante con el que recorría la ciudad en su ofrecimiento.  Le iba bien, todo lo que sacaba al público, lo vendía, pero la mayoría del dinero, lo empleaba en tomar licor y así llegaba muy contrariado a su casa y maltrataba a su esposa y a su hija menor de cinco añitos de vida.

En el presente Marco de Tiempo en Pandemia, todo el mundo desconfía de las ventas de este tipo, porque pueden estar contaminadas, así que nadie compra por fuera de un almacén confiable.

Manuel ya no tenía dinero para solventarse su bebida y fue así como poco a poco, se volvió más agresivo en su hogar. Su esposa era quién lavaba ropa a sus vecinas y les arreglaba la casa por un plato de comida para su bebé y para ella, porque por su contrariedad con su esposo, pocas veces le ofrecía.  Se peleaban mucho y Manuel la golpeaba demasiado, hecho éste que obligó a su mujer a abandonarlo, porque simplemente llegó a un: "ya no aguantó más la situación".

Manuel se quedó solo, ya no tenía dinero para el licor, ya no tenía familia, pero esto último parecía no importarle.

Cierto día, salió a las calles y solo pensó en robar todo lo que en su camino se apareciera... Hurtaba teléfonos celulares, rapaba bolsas de mercados que llevaban las personas en sus manos en las calles, en fin, todo lo que le ocasionara oportunidad.  Un día cualquiera, simplemente estaba en la cárcel y muy solo, porque nadie le visitaba.

**Autora:**

La gratitud es la mayor fuente de nuestro sustento en todos los niveles y es el caso específico de Martha y Enrique; Ellos agradecía a Dios por todo lo que llegaba para su familia día a día, ellos bendecían sus finanzas recibidas y simplemente estaban trabajando incansables y sin quejas ante nadie.

La gratitud es la mayor expresión del amor y así mismo se multiplica y de forma mágica, se atrae la abundancia. Caso contrario Manuel, quién no entendía que simplemente formaba parte de un mundo que es de Dios y que su actitud ante la vida, no le generaba ningún premio válido y muy por el contrario, destruyó su vida, dado que su esposa en su abandono total, ni siquiera se ha dado cuenta de su situación en la cárcel de varones. Lamentable.

Una buena actitud ante la vida, puede cambiar tu mundo; El ser humano tiene que entender que siempre se puede empezar de nuevo y si se cae una vez y otra, es mérito personal levantarse  y se puede en mucha felicidad. La fe es la llave maestra y no hay mejor medicina para el ser humano, que la de tener pensamientos alegres y positivos ante la vida.  De nada vale lamentarse de x situación, es más inteligente buscar la salida y pensar que El Mundo es de Dios y formamos parte de éste mundo, así que no estamos solos, porque simplemente una fuerza superior nos acompaña.

**Fondo musical:  Aprendí – Jah Love ft Guz Mán**

**Grupo de amigas:**

Empezando el aislamiento mundial, existían grupos de amigas que compartían su tiempo en centros comerciales, gimnasios, escenarios culturales, teatros, entre otros. Realmente hay un grupo en particular que vale la pena describir;  Realizaron grupo en redes sociales y esto hizo que se unieran en la adversidad.

Al principio, se enviaban memes chistosos y se reían bastante... Luego...  Oh, Oh, vino el pensamiento individual de <<esto es en serio>>, ya sus charlas no eran tan alegres, ya la más chistosa no enviaba fotos que hacían reír a todas de una amanera agradable, algunas se aislaban por temporadas y se retornaban tal vez cuando necesitaban una voz de aliento.

Este bello grupo fue creado por una persona cuya creencia en Dios, supera lo normal y eso hace que  se sostengan en amor y colaboración mutua.  Igualmente existe otra persona en el grupo que envía a mañana y noche, vídeos de oración de fortalecimiento en Dios, seguidos de un lindo mensaje, porque ella entiende que El Mundo es de Dios y que de esta forma, puede levantar los ánimos de todas en el grupo. Diríase que estas dos personas, son parte fundamental en el grupo;  animan a sus amigas a superar obstáculos y así mismo, les dan ánimo para que no se dobleguen ante la situación individual adversa en el presente Marco de Tiempo en Pandemia.

Entre las demás amigas, se dedican a agradecer mucho las oraciones de fortalecimiento y están igualmente agradecidas con el grupo, porque esto les ha prodigado felicidad en su aislamiento.

La mayoría viven solas y de verdad que no se sienten así, porque cada día, alguien les está animando a su comunicación con el Todo Poderoso, entonces levantan simplemente sus ánimos de vida. Este grupo suele ser muy bonito, se ayudan mutuamente y realizan reuniones virtuales que les deja una sonrisa en sus labios cada vez que terminan la sección. La mayoría son optimistas y piensan que "rendirse, jamás", tratan a toda costa de ser muy felices.

**Caso Gladys:**

Esta persona es de admirar en el grupo de amigas… Su madre de edad vivía en otra ciudad y un día cualquiera, falleció. Gladys no podía viajar a vela, igualmente no estaban autorizados los viajes ni por carretera ni mucho menos aéreos.

Así mismo, se estableció que ya no se velaría a un fallecido y que solamente cinco personas, podrían ser sus acompañantes en su sepelio que ahora era solo una cremación tan fría como sus cuerpos. Gladys vive sola, pero su grupo de amigas fue demasiado solidaria con ella, especialmente aquella que dejaba sus oraciones a mañana y noche.

Se dedicó a llamarle todas las noches, (valga la redundancia), hablaba con Gladys con el ánimo de distraerla, no hablaban de su madre, le ponía temas diferentes y esto hacía que hasta se riera un poco. Dialogaban hasta entrada la madrugada y era la manera de no sentirse sola en su duelo por su madre.

Gladys siempre la más agradecida con su amiga y con Dios y los ángeles, hacía mucha oración, con los mensajes lindos que recibía de sus amigas, se pudo reponer en su soledad, con admirable luz propia. A Dios la Victoria y es que El Mundo es de Dios.

**Caso Vanessa:**

Era la entusiasta del grupo, la niña traviesa que hacía reír a todas, aquella que con solo un audio, encendía agradablemente los pensamientos de todas con una carcajada que les hacía olvidar el presente Marco de Tiempo en Pandemia. Enviaba fotos hasta de su alimento, todo para ella era motivo de fotografía y se reía bastante con algún meme chistoso que otra persona enviara. Era un cascabelito en el grupo.

Un día cualquiera, se sintió muy afectada, la incertidumbre de la parálisis actual del mundo la había tocado de manera directa, porque su hijo tenía un trabajo independiente que dependía de la calle, así que ahora ya no podía hacerlo. Cambió dramáticamente en su forma de actuar y vivir, ya no sonreía, ya no mandaba fotos al grupo, ya no hacía un chiste curioso y lo peor de todo: Sentía que no tenía herramientas necesarias para solventar aquella situación. Le dolía la posición de su hijo. Pero Vanessa prefirió aislarse un poco del grupo y sufrir su infortunio sola; Vanessa presenta falta de motivación, no tiene entusiasmo propio, se está dejando arrastrar por su tristeza y de paso, se lo transmite a su hijo. Ahora no hablaba con ninguna persona del grupo, quería simplemente estar sola y su carácter se tornó oscuro, ya no era la misma de antes. Ella no entiende que las amistades verdaderas estamos para ayuda mutua y que no es casualidad que nos hayamos encontrado en el camino que Dios nos ha asignado. No ha entendido que si es posible llorar, lo haremos con gusto a su lado y entre todas, tomaríamos fuerzas, porque en esto consiste la amistad mutua y sincera.

Este grupo es honesto y siempre está la disposición de colaboración mutua.  Aquí las amigas no podían hacer nada por ella, porque simplemente ella insistía en su tormentosa soledad.  Nada que hacer, no miraba hacia Dios, no entendía que existe un ser supremo que puede ayudarle, nada le importa ahora.

**Caso Cristina:**

Es una chica a la que suspendieron del grupo hace unos días porque simplemente se trata de una persona tóxica... Es el tipo de mujer que se está quejando de todo, pero lo más triste, igualmente es su forma de ser y falta de acercamiento a Dios.

Esto hace que siempre tenga un pensamiento negativo ante el grupo, una crítica terrorífica para sus compañeras y no de apoyo, es individualista y no salta en positivo ante la adversidad de alguna de las amigas del grupo. Se trata de alguien a quién nadie desea tener cerca. Hablaba solo incoherencias que no tenían fundamento y por considerarla tóxica, la suspendieron para no contaminar al grupo de ayuda mutua.

Es del tipo de personas que siempre tenía una crítica dañina para sus amigas, no estaba conforme con nada y tampoco estaba agradecida con Dios por tenerla bajo un techo, por tener a su madre con salud, por tener amigas a su alrededor dispuestas a colaborarle, nada le importaba, nada le interesaba.

Ésta persona solo criticaba y sus comentarios siempre dañaban a los demás en el mundo. Para ella, todo es malo y su falta de oportunidades económicas, la hacían más vulnerable y apática en su comportamiento. Las amigas hicieron lo posible por cambiar su actitud, pero no fue posible. Fue considerada tóxica.
**Fondo musical: La Amistad – Laura Pausini**

**Autora:**
La amistad es una relación afectiva que en el presente caso, se ha establecido entre un grupo de personas del género femenino con valores fundamentales basados en el respeto, lealtad, solidaridad, sinceridad y compromiso. Diríase que este grupo tiene la bella consigna de ayuda mutua y así lo hacen; Se ha generado entre ellas, mucha camaradería, confianza para contarse sus cosas y ayudarse mutuamente. Es un estado de hermandad y ellas lo han vivido. Ellas siempre están allí la una para la otra y cultivan su aprecio mutuo. Es así como han logrado algo bonito y no se sienten solas en la presente vivencia, porque simplemente entienden que El Mundo es de Dios. Han buscado esparcimiento de sus mentes, en ejercicios físicos, recetas de cocina, escritos, en fin, cada una en su modalidad, trata de transmitir siempre un mensaje bonito al grupo y eso hace que se motiven y no desconfíen del mañana en felicidad, porque simplemente sus mentes se mantienen libres de todo mal pensamiento.

El apoyo de una amiga, te hace grande y te da fortaleza. Las verdaderas amigas comparten tus alegrías, comparten tus tristezas, se fortalecen mutuamente y no hay distancia que dañe estos lazos. Es un privilegio y regalo de Dios, el tener un buen amigo a nuestro alrededor, pero igual es una linda magia, el poder tener actos de amor por los demás. La verdad es que a través de la tecnología, se han creado verdaderos lazos de amistad, camaradería, grupos de trabajo, entre otros. Son alternativas inmediatas que ha tomado el ser humano y para la mayoría, con excelentes resultados porque esto mitiga un poco la soledad de la mayoría de las personas.
**Fondo musical: Nuestra Amistad – Tercer Cielo**

**Vendedores en redes sociales:**
Las redes sociales son utilizadas actualmente para el bien, para el mal, para el aprendizaje, entre otros. Es por lo anterior que ha servido demasiado a los vendedores de productos x en su variedad. Parece un acercamiento a distancia, donde todos ofrecen sus productos y éste o aquel, se interesa y compra por comprar y colaborar o simplemente es el artículo que estaba buscando y esperando.

Las redes sociales son algo de cuidado, que simplemente la persona lo toma o lo deja a su acomodo. Existen todo tipo de vendedores: Están los que de manera silenciosa simplemente plasman sus productos y sin decir una sola palabra, encuentran con que existen muchas personas interesadas en su artículo o comestible. Otras en cambio, son aquel tipo de personas que atormentan a los clientes con mensajes seguidos y propuestas ansiosas, para lograr que sus ventas tengan éxito.

En general, las redes sociales han servido de mucha colaboración a las personas en el presente Marco de Tiempo en Pandemia y pueden ser tomadas como colaboración mutua, aprendizaje, socialización, encuentros familiares, propuestas de lo nuevo, porque esto ha permitido la unión en universidades y colegios, a nivel de profesores y de compañeros de estudio que de repente se han visto abocados al duro <<no compartir físicamente>> con los anteriores, porque simplemente existe una cuarentena que imponen los mandatarios en cada región del mundo, para bien del ser humano.

Todas las personas han tomado de forma diferente el presente camino que Dios nos ofrece, pero que la naturaleza reclama por diversos factores.

Hay quienes sacan mucho provecho de la cuarentena y de las redes sociales, otros por el contrario, han entrado en desespero, pero éstas últimas, no entienden que de nada vale llorar, que es preciso decir: <<Ahora es Cuando>> y simplemente hay que pensar en que el camino puede vislumbrarse en felicidad y no ir hacia el abismo, porque la vida continúa.

**Caso Lorenzo:**
Antes de la Pandemia, tenía una miscelánea en x centro comercial y sus ventas eran increíblemente afortunadas. Ahora el establecimiento le obligaba a cerrar su local por la cuarentena impuesta por el gobierno. Él vive de esto junto con su familia y tiene un bebé pequeño al que debe alimentar.

Su esposa muy espiritual, asistía a la misa católica porque piensa que allí está más cerca de su fuente de luz inagotable – para ella: Dios - oraba mucho y cuidaba de su bebé y de su esposo con amor. Salía todas las mañanas a caminar al parque cercano y allí también se conectaba con Dios. Era lindo lo que ella hacía. Mientras tanto: Lorenzo se debilitaba;  Las ventas en sus redes, eran fatídicas, pues solo se limitaban a darle un "me gusta" a sus productos, pero nadie los compraba. Estaba al borde del desespero.

Su esposa por el contrario, tenía todas las esperanzas en Dios, compró un traje muy cubierto tipo impermeable y tomaba todos los días los diferentes artículos de su miscelánea y salía a venderlos puerta a puerta. Su esposo no lo podía creer, mientras él se lamentaba, su esposa traía el dinero a casa y la provisión diaria de alimentos sobre todo para su infante.  ¿Ejemplo de vida?...  ¿Qué estaba aprendiendo Lorenzo? ¿Qué le quería decir la vida?  Él no entendía, pero empezaba a caer en cuenta de las cosas que sucedían a su alrededor y la enseñanza a través de su esposa.

Cuando él trabajaba, llegaba a casa y encontraba una deliciosa comida en su mesa, una casa limpia, un bebé impecable y así mismo su esposa... Ahora él... ¿Qué llamado le hacía la vida?

Su esposa seguía trabajando sin decir una sola palabra, a pesar de que al llegar a casa, el bebé estaba en deplorables condiciones de higiene al igual que su casa y su esposo.

Lorenzo un día se dijo a sí mismo, que ésta sería la última vez que esto pasaría porque sintió compasión y vergüenza ante su esposa. Ese día ella encontró una casa organizada, un bebé y un esposo muy bañaditos y en óptimas condiciones de higiene.

La chica no lo podía creer… Esto compaginaba con aquella linda tarde donde su esposo le decía que todavía tenían tiempo de llevar al niño al parque y que le estaban esperando… Ella muy sorprendida, solo aceptaba, no entendía muy bien la situación, pero su esposo solo le dijo que la mejor enseñanza para un ser humano, es el ejemplo de quién lo rodea y que simplemente él aprendió la lección.

El más beneficiado con toda esta situación, fue el bebé, porque desde allí, se turnaban para salir puerta a puerta a realizar sus ventas y así mismo para quedarse en casa con él y prodigarle cariñitos en su crecimiento.
**Fondo musical: Dios te hizo tan bien – Mauricio Alen**

**AUTORA:**

Dios es nuestro creador y nuestros encuentros en la vida no son por casualidad si no por causalidad. Existen la conexiones de los seres humanos en el aquí y ahora y esto simplemente se ve reflejado en el amor que se prodigan. Es ese llegar a tu vida, de aquella persona que te hace sentir diferente, que te sube tu ego, que te reafirma tu autoestima en felicidad, aquella persona destinada para ti con la cual le apuestas a la vida y ese es el motor derivado para un crecimiento en felicidad de una linda familia en amor.

Pero lo anterior, nada tiene que ver con la casualidad. En el caso de Lorenzo, simplemente él se encontró con la persona adecuada, que no le dejó caer en un abismo sin salida, que se dijo a ella misma: El Mundo es de Dios y mi familia y yo, pertenecemos a él y entonces es hora de mirar la solución con la absoluta confianza de que Dios al comando de su vida y su familia. Siendo lo anterior, entonces NADA que temer. Lucharían juntos por su linda unión conformada y afianzarían sus lazos afectivos en felicidad, porque su esposa tenía una gran fuerza mental y siempre aludía que para ella la derrota NO existía y ahora simplemente era cuestión de buscar el camino.

Es evidente que la felicidad depende de cada individuo y de la manera de cómo mira la vida y su entorno. La actitud personal puede salvar una vida porque se constituye en un nivel mental en felicidad y así mismo, un estado de ánimo difícil de negar para las personas a su alrededor y se contagia de manera positiva en otros seres humanos, como afortunadamente fue el caso de Lorenzo, porque de verdad amaba su hogar.

Proponer a los nuestros cosas diferentes para salir de rutina y constituirse en cambios positivos, trae muchos beneficios especialmente a nivel de salud. La felicidad llega por conductas propias y se debe procurar así mismo, para los nuestros. Estar felices, es de alguna manera, exportar bienestar para los demás, que con solo ver el impulso de otros, quieren de buena forma imitarles y se constituye una linda cadena alrededor de muchos.

La colaboración mutua en un hogar, es base primordial para salir adelante y para la crianza de un menor con buenos principios de vida, porque en tanto éste les observa, igualmente un día querrá imitarles y es por ello que se deben cuidar los comportamientos de cada individuo en las familias.

**Fondo musical   Hay mi Familia – Canción de Coco**

**El gobierno nacional en Colombia:**
Nunca antes del año 2020, el gobierno nacional había instaurado tantas bondades hacia los colombianos. Formaron un programa denominado INGRESO SOLIDARIO DPS: Consistente en un apoyo económico hacia las familias colombianas que se encuentran en situaciones de vulnerabilidad y pobreza por la crisis de coronavirus. Esto está aproximándose a los tres millones de familias con escasos recursos económicos y está establecido por varios meses en la actualidad. Establecieron las normas para cobrar dicho ingreso, pero es aquí donde las personas quieren sacar provecho de todo esto, porque simplemente buscan beneficio sin realmente necesitarlo. Simplemente es un programa de ayuda para personas realmente necesitadas.

Igualmente, con el respaldo presidencial en el marco de la emergencia y aislamiento, el gobierno nacional se ha convertido en un fiador de micro empresas pequeñas y medianas, mediante préstamos bancarios sin muchas exigencias, con miras a que puedan pagar su nómina y sus empleados puedan continuar en sus puestos.

Las diferentes alcaldías han convocado diferentes campañas de donaciones de éxito, ya que esto va en pos de ayudas a los menos favorecidos y se suministra en mercados a familias más vulnerables y necesitadas. La población ha correspondido y sus donaciones no se hacen esperar. Cada alcalde está al comando de su ciudad y le piden simplemente a las personas que colaboren cumpliendo la cuarentena para evitar contagios. Así mismo, el gobierno ha sacado estrategias de ayuda para vivienda nueva y usada, con subsidio solo visto a la fecha.

Siempre se espera que la ciudad reacciones para bien, pero es aquí donde la gente no colabora mucho, entonces se genera que las UCIS, simplemente están casi al 100%. Algunos alcaldes, optimistas frente a otros, que piden ayuda desesperadamente. Son muchos los subsidios hacia las familias, pero así mismo las necesidades.

El transporte se ha visto muy vulnerado, ya que no es posible realizar un viaje en lo más mínimo, como lo es de un pueblo hacia otro. La gente ya tiene miedo de subiese en un taxi o en algún otro transporte público…

Sin embargo, existen quienes toman provecho de sus vehículos, y realizan otra clase de trabajo en el mismo. Sin embargo, el gobierno ha creado herramientas encaminadas a solucionar las necesidades inmediatas para disponer los diferentes medios de ayudas. Así mismo, algunos sectores privados, se unen en colaboración al gobierno para establecer auxilios a quienes lo necesitan.

**Caso Mario:**

Mario es un convicto beneficiado por el gobierno para salir de la cárcel a su casa y terminar allí su condena. Oh, Oh, su familia no lo quería en casa. ¿Por qué? ¿Acaso no era padre y esposo de aquella unidad? Su familia tenía demasiado miedo al contagio del Coronavirus y diríase que poco les importaba la vida de Mario; Tal vez estamos ante un caso de siembra y cosecha, porque este personaje había tenido mal comportamiento como padre y esposo.

Ahora parecía que su familia un día se había despedido de él para siempre y él mismo no lo sabía. ¿Entonces qué haría Mario? Fue notificado de ello y le tocaba buscar otro lugar de residencia, pero el mundo a su alrededor tenía demasiado miedo de un contagio, así que sus amigos le cerraban las puertas a pesar de que tenía con él su certificación de no contaminado.

Pero Mario llevaba dos años en aquella cárcel y su comportamiento, hacía ver que había aprendido la lección, porque ahora era otro… No se dejó desmoronar por la negativa de su familia y sus supuestos amigos, así mismo se dirigió al director carcelario y contándole la situación, le solicitó que le dejase estar en alguna clínica como voluntario en primeros auxilios, porque lo había estudiado en sus dos años carcelarios.

Igualmente aclaró que solo pedía una cama para dormir y un plato de comida al día. Después de consultar su solicitud con el gobierno nacional, el director envió a Mario a un hospital de caridad de la ciudad donde en efecto, le asignaron un cuarto de servicio pequeño, pero para él solo en su condición de persona sana y tenía sus tres alimentaciones diarias.

Mario se dedicó a trabajar con ahínco, era ejemplo entre los voluntarios del hospital y también el más amable con los pacientes. Cierto día, se sintió atraído afectivamente por una paciente que se salvó de la enfermedad y fue correspondido por ésta. Ella simplemente creía en las segundas oportunidades de la vida, porque Mario había sido sincero con ella.

En la presente temporada, conviven en felicidad y los hijos de Mario, finalmente entendieron los comportamientos humanos y hasta que se puede decir, que agradecen a la vida, haberles otorgado un padre como Mario, quién ya por su buen comportamiento, recuperó su libertad total.
**Fondo musical: De ellos aprendí – David Rees**

**Autora:**

Es definitivo que cuando existe la voluntad de cambio, todo es posible. Las segundas oportunidades, las busca el mismo ser humano para sí, porque simplemente, está dentro de nosotros. Mario entendió que al llegar a la cárcel estaba frente a una segunda oportunidad de vida y se preparó con su buen comportamiento para ello. Luego llegó igualmente la segunda oportunidad (valga la redundancia), en el campo afectivo.

Él entendió que tampoco debía dejarla pasar. Su primera familia, al cerrarle las puertas, no tenían simplemente la capacidad de entender que el ser humano, se constituye en un ser imperfecto, pero dispuesto al aprendizaje de vida e ignoraron que Mario estaba dispuesto a valorar una segunda oportunidad.

Así mismo con este comportamiento, le enseñaron a Mario, que había otro cielo, que existía otra manera diferente de vida, que tendría otra pareja que le haría feliz y que sus hijos, ocuparían un lugar muy especial en su corazón. Igualmente es una lección aprendida para la esposa de este personaje, porque hoy, lamenta profundamente ya no estar en la vida de su esposo, al darse cuenta del ser humano extraordinario en el que se convirtió, porque por su buen comportamiento en el hospital y su nobleza de corazón en atención a los enfermos, le contrataron de planta y es enlace directo entre el paciente y su familia.

Esta actividad la desempeña Mario con amor a los seres humanos que Dios pone en su presencia y parece que esto es retribución mágica porque lo quieren demasiado todos a su alrededor y le hacen sentir que es importante a la sociedad.

Nadie le rechaza y su compañera de vida, es su mejor estímulo para salir adelante.  Son lecciones de vida y el llamado a reflexionar, porque no tenemos la potestad de constituirnos en jueces de nadie y menos cuando se trata de un ser al que amamos un día.

Es menester propio, dar mucho amor a los demás y así mismo sin duda algún, éste retorna a nosotros.
**Fondo musical: Linkpop – Debemos dar Amor**

**El sector turístico:**

El feliz encuentro entre las personas, en las ciudades, el conocimiento de éstas últimas, el llamado de la gente a descubrir la idiosincrasia de otros sectores del mundo y la alegría con la que se vivían estos desplazamientos… La felicidad con la que una aerolínea vendía sus tiquetes y transportaba al mundo entero…

La finalidad alegre de una promotora de turismo ayudando a los viajeros que tenían en común la expectativa del conocimiento de otros lugares al suyo;  todo en <<pare>> todo en la más profunda calma, porque los vuelos estaban suspendidos y la cuarentena mundial lo ameritaba.  La humanidad estaba en casa porque su bienestar, simplemente ocupa el primer lugar.

Hubo desconcierto y desempleo tanto en aerolíneas, como en agencia y promotoras de viaje.  Esto lo había advertido el Consejo Mundial de Viajes y Turismo, porque según ellos, se podrían disminuir alrededor de 50 millones de empleos en este rango de economía mundial, pero estamos hablando de un sector fortalecido y que busca opciones aunque de repente, todo parece terminar. ¡Oh, Oh! Era la exclamación de sus directivos.

Se preguntaban hasta cuándo y la respuesta nunca llegaba. Cada aerolínea, cada empresa en el gremio, tenía un estimado presupuestado de ventas para el año 2020, pero parecía sin futuro o por lo menos, se vislumbraba en un 25% de lo imaginado.

Pasados cuatro meses y las aerolíneas empezaban a tomar todas las precauciones y prácticas básicas de prevención para iniciar vuelos pilotos, que posteriormente, conllevarían a la autorización de la apertura definitiva de los mismos. Igualmente, esto era de aplaudir entre las diferentes empresas dedicadas a vender paquetes turísticos, así mismo debían tener en cuenta que los aviones saldrían con un lleno del 35 o 40% como medida de prevención.

Estaban ante un Marco de Tiempo en Pandemia que definitivamente había cambiado al mundo y ellos no podían sustraerse.  Pero igualmente, demostrando tenacidad, las promotoras de turismo, hacían un llamado a sus clientes mediante programas de televisión, donde les explicaban que el cuerpo era el que se encontraba en confinamiento, más no así su espíritu, porque éste era libre y era por ello que les invitaban a no dejar de soñar y así mismo les dejaban evidencia de los lugares que podrían empezar a soñar con un día conocer y que ellos, estarían allí para ayudarles a cumplir los mismos... Realmente estas empresas son admirables, pues dan demasiado ánimo en cabeza de sus gerentes, a los clientes de su fidelidad.

**Caso Natalia:**

Ella vive en San Francisco  (EE.UU) y finalizando marzo 2020, conoció a Miguel…  Un joven piloto de aviación que fue un día a la playa a descansar de su vuelo.  Allí se encontraron y hubo entre ellos un fugaz romance que quedó para siempre en la vida de Natalia.  Fue una tarde encantadora, empezaba a oscurecer y todo se facilitaba; Aquel hombre era un caballero, le dijo que él creía en el amor a primera vista, volvería a verla cada vez que sus vuelos le llevasen a este mágico lugar.  Una tarde, una noche de lindas estrellas, un sonido de olas tranquilas en el mar, un suave perfume de Natalia, un aroma en aquella playa que invitaba al amor, un piloto de aviación sencillamente varonil, una mujer que mostraba sus curvas deliciosas mediante un diminuto traje de baño, todo…  Todo unía a aquella pareja que parecían haberse encontrado y estar el uno para el otro.  Ya se decían: <<Tú eres mi gran amor>>  Era algo lindo que la vida les daba, estaban siendo demasiado felices.

El amanecer los sorprendió en aquella playa y se despidieron jurándose amor por siempre y con la promesa de parte de Miguel, del pronto retorno hacia ella.  Era una promesa de amor sincera en el joven, porque de verdad, los dos sentían afecto mutuo.  Todo esto en el momento en que las nubes se tornaban de color gris muy claro, porque igualmente un rayito de sol tenue y cálido, se asomaba ya en el oriente que se les ofrecía en su bello encuentro.

Miguel llegó a su aerolínea y se encontró con la noticia de que entraría a una brigada sin descanso al servicio militar, porque necesitaban refuerzos de pilotos para vuelos humanitarios.

No tuvo tiempo de llamar a Natalia, porque le fue confinado su teléfono celular y sus pertenencias, porque en adelante, debía usar los nuevos uniformes de prevención y protocolo que le otorgaron.  Al chico no le quedó más que hablar mucho de ella con Octavio, su compañero asignado  como copiloto, le contaba siempre de la felicidad que le dio este encuentro.  Repetía mucho que había encontrado a su media naranja y era su tema en cada vuelo.  Siempre estaba optimista, pensaba que aquello era fantástico y cuando todo esto terminara, le buscaría.  Sin embargo, pidió a sus superiores que buscaran su contacto y le avisaran a su prometida del porqué de su distanciamiento, pero la respuesta fue que sus pertenencias estaban en una caja fuerte que solo él podría abrir cuando le otorgaran las llaves una vez cumplida su misión.

El carácter de Miguel se fue tornando muy triste, pero esto era mutuo, porque Natalia se dirigía todos los días a aquella playa y allí pasaba noches enteras esperando a su amado que nunca llegaba.  Sus lágrimas no se hacían esperar.  A veces afloraba en ella la rabia, pues pensaba que su amado se había burlado de ella. Se sentía desubicada, pero se refugiaba en la contemplación de aquella linda noche que quería repetir a toda costa y pensaba en el retorno de aquel varonil hombre que robó su corazón.  Ahora ya no encontraba la belleza en aquellas estrellas, ya la noche le parecía oscura, el sonido del viento y el mar ya no le transmitían nada, solo sollozos profundos salían de su corazón.  Sin embargo: Todos los días, allí estaba, tan puntual como siempre, como si estuviese cumpliendo una cita con su fugaz amor.

Una tarde cualquiera, la misma que Natalia nunca quiso que llegara, se le acercó alguien con un uniforme de piloto de la misma aerolínea de Miguel.

A Natalia le vibraba con intensidad su corazón, no sabía cómo comportarse, lo estaba mirando a lo lejos y se confundía, solo miraba su uniforme, no podía creer que Miguel estuviese otra vez caminando hacia ella.   Su desilusión no se hizo esperar…

Era Octavio…  El chico llegaba ante ella y su semblante era de mucha tristeza.  Era portador de la peor noticia;  Miguel se había contagiado en un vuelo humanitario y hace ya dos días, no acompañaba a la humanidad en el plano terrenal. Horror… Horror…  Horror… Natalia solo corrió hacia el mar y de allí no quería salir;  No podía creer que su amor fuera tan fugaz y que el destino le diera este juego de vida, se preguntaba que había hecho mal, porque no entendía…  Se había enamorado de verdad y Miguel
**Fondo musical: Amante por un día – Tormenta**

**AUTORA:**

Es difícil superar algunas cosas en la vida, porque se cree que nadie está preparado para asumir la pérdida de un ser querido... Es traumático si así se quiere llamar. Cuando se pierde a alguien, no se puede predecir los sentimientos encontrados... Es posible experimentar enfado, tristeza, dolor profundo, confusión, entre otros. Creo que siempre debemos colocarnos en el lugar de la persona que sufre, porque solo así, entenderemos su sentir. Se dice que esto último, es parte de la inteligencia emocional.

Si podemos entender el sentir de los demás, es fácil ayudarles a salir de aquellas situaciones de las que tal vez ningún ser humano se sustrae.

Existen personas que entrando a un duelo, optan por ni siquiera considerar hablar y se confinan por voluntad propia. Es un lenguaje corporal individual que simplemente se debe respetar. Creo que los seres humanos debemos estar preparado para entender las reacciones de los demás, porque éstas son generadas por situaciones específicas a nivel personal.

Es cuestión de comprensión cuando no está en nuestras manos hacer algo por esa persona que sufre ante nuestros ojos. Tal vez se puede ayudar mucho, solamente escuchando lo que nos quieran decir para el desahogo personal; Es importante igualmente, dejar de lado la compasión constituida en lástima, porque de nada ayuda a las personas que sufren una pérdida irreparable.

**Fondo musical: Si no te Hubieras Ido – Marco Antonio Solís**

**Las clínicas y hospitales:**

Las clínicas colapsan en el presente Marco de Tiempo en Pandemia: En el mundo entero, éstas se ven avocadas a incrementar sus servicios con la colaboración de Voluntarios, que deciden sumarse a esta bella forma de contribución para la humanidad.

Faltan médicos, faltan enfermeras;  No solo se necesita personal para atender una amenaza de coronavirus, sino también las diferentes patologías que se vienen presentando desde siempre en el ser humano.

A algunos médicos y enfermeras, les ha sido preciso aislarse de sus seres queridos, porque es evidente que pueden transmitirle cualquier tipo de virus, dada la cercanía con pacientes de altas patologías.  El personal médico realiza sus funciones con mucho amor y esto se les nota, porque simplemente este sentimiento no se puede guardar. Cuidan con mucho cariño de sus pacientes.

El aislamiento continúa siendo parte primordial en recomendación del gobierno en las diferentes naciones y ciudades a nivel mundial, pero se genera incertidumbre entre la gente que debe salir a buscar un sustento para sus familias.

Esta es quizás la más grande razón por la cual la gente se expone a contagios y parece que no les interesa más que su propio beneficio económico, aún a costa de exponer sus vidas.

La verdad es que el sistema hospitalario está un poco más allá de sus capacidades en todos los aspecto y de hecho, se ha visto afectado inminentemente en baja de sus ingresos y varios de ellos, se han visto en la necesidad de cerrar sus puertas al público, porque simplemente la modalidad de atención ha cambiado porque el dinero no entra ahora como había sido hasta enero del año 2020. Ha tocado dar licencia temporal a sus empleados y aceptar los voluntariados, porque el nivel económico, ahora más exigente, ha cambiado las pautas y sus bajas se hacen notar.

No hay dinero para las nóminas a pesar de que el gobierno ha ofrecido créditos para el pago de las mismas. Cada gobierno ha destinado una cantidad considerable para inyectarla a la economía de los hospitales, pero aun así, el colapso es total, porque los fondos siguen siendo insuficientes. Solo algunas ciudades, dan reporte favorable para sostener la presente emergencia sanitaria.

**Caso Catalina:**

Ella llevaba muchos años trabajando en una clínica y tenía 50 años de edad… Lo que más deseaba, era salir de aquel hospital, porque no tenía mucho amor por su labor. Era soltera y tenía una relación virtual desde hace ya dos años con un estadounidense que aparentemente le llenaba de amor y felicidad.

Sentía que aquel hombre, con su luz iluminaba sus sentidos y le llenaba sus espacios vacíos, se sentía inflamada de amor, por él, tomaba fuerzas para sus labores en el hospital, porque ya no le gustaba su oficio y lo hacía esperando un tiempo para su pensión de vejez. Se fortificaba en su novio y tomaba fuerzas con cada uno de sus mensajes, al igual que su felicidad se hacía evidente cuando se veía con su amado a través de una pantalla.

Un día, este carismático hombre, al que ella simplemente le había entregado su amor, le dijo que ya había llegado la hora de casarse y que la llevaría a vivir a su casa en los Estados Unidos de América… Catalina no lo podía creer, sí lo deseaba su corazón y se extasiaba con las fotos de la supuesta mansión donde vivirían y serían muy felices, igualmente los videos que este hombre le enviaba de aquel lugar, donde se vislumbraban dos preciosos coches que serían suyos cuando estuviesen juntos.

Cierto día: Su novio le dijo que le habían confinado sus bienes por culpa de alguien a quien sirvió de codeudor y que por esta razón, perderían su propiedad, la misma que ya consideraba de los dos.

Catalina, en su afán de nuevas experiencias de vida, en su poca apreciación de lo que tenía y búsqueda de algo nuevo, optó por creerle ciegamente a éste hombre que le había prometido que arreglaría un vuelo humanitario para ella para que fuese a reunirse con él... Fue así como siempre, creyendo en sus palabras, hipotecó su propia vivienda y le envió su dinero a su novio virtual, porque de lo contrario, perderían aquella mansión de la cual tenía muchas fotos y vídeos.

Pasaron varios días y Catalina se desesperaba, su amado no le llamaba, no le dejaba un mensaje, nada. Ella, en su confianza por él y poca autoestima para ella misma, jamás le preguntó la dirección de su casa, nunca por su familia, nunca por su trabajo, solo se dedicaba a saborear lo que su mente sentía cada vez que él le escribía o le decía un lindo piropo. Parecía que esto era lo único que le importaba y fue así como su desespero ya no tenía límites.

Había caído en un abismo del cual no sabía cómo salir, ahora era su banco quién le exigía una cuota mensual con la amenaza de perder su humilde pero acogedor apartamento que durante muchos años la protegía de la intemperie;  Tal vez nunca valoró esto y siempre quería más. Sus ilusiones, sus ahorros, su vida entera, vulnerada por un desconocido al que le había entregado sus ilusiones. En la presente fecha, ha aprendido a valorar lo que todavía tiene, como su trabajo al que aspira pensionarse en siete años, pero también su humilde apartamento.  Pasará tiempo para que Catalina se reponga tanto mental como físicamente, porque ahora debe salvar su hipoteca. En su falta de amor propio, se le sumaba a su llanto, la falta y añoranza por aquel desconocido.
**Fondo musical: Luz de Luna – Javier Solís**

**Autora:**

A veces, no se valora lo que se tiene, no hay sentido de pertenencia como en el caso de Natalia; Diríase que no somos solidarios con nosotros (as) mismos (a), porque tal vez tenemos una autoestima baja. Natalia nunca ha entendido a pesar de sus cincuenta años de edad, que la felicidad no nos la proporciona nadie, que está dentro de nosotros y que es menester propio buscarla. Natalia se dedicaba a trabajar en el hospital y a buscar pretendientes con dinero que la sacaran de lo que ella consideraba: <<Era un martirio de trabajo>> Su salud mental no era estimulada nunca por ella misma, no realizaba ejercicio físico, no bailaba, no asistía a ningún evento social, no practicaba la lectura, entre otro. No nutría su salud mental ni física. Solo le importaba un esposo aunque fuera en la distancia y por demás, con dinero.

Todos los días para ella eran de tristeza e igual el resumen estaba en que no entendió nunca que El Mundo es de Dios, que siempre existe una salida adecuada y que la vida, sencillamente sería mejor, si tuviésemos un poco más de humanidad y amor por lo que hacemos y por nuestro prójimo.

Se dejó simplemente embaucar por un espejismo porque solamente siguió sus propias convicciones de vida. No escoge sus amistades y no tiene capacidad para aprender a escoger nada en su vida. Personalmente puedo objetarle que no debe tener miedo al futuro, porque Dios es uno con ella; Que no debe desalentarse, porque la vida continúa y debe ser en felicidad; Tiene que saber que Dios sostendrá su mano y le llevará a otro nivel, porque Dios es infinito en su amor…

Sé que en este instante todo es un abismo en la vida de Natalia y no podríamos expresar con palabras la impotencia que sabemos que existe en ella, pero le aconsejamos mirarse a sí misma y ver el potencial que existe en ella y dedicarse a su desarrollo. Natalia debe ser fuerte sin importar la circunstancia, ella vale mucho como persona y de seguro saldrá adelante por sus propios medios. Debe pensar que la vida tiene para ella muchas cosas buenas en reserva y que pronto saldrá de esta situación porque ella forma parte del mundo actual y porque simplemente El Mundo es de Dios. Igualmente, todo ser humano tiene dentro de sí, una poderosa arma para salir de las dificultades y esa se llama: Mente.

Elige siempre caminar con aquellos que te iluminan el sendero y aprende a visualizar a las personas tóxicas en tu vida y así mismo apártalas de ti. Recuerda: Dios al comando de tu vida porque El Mundo es de Dios. Cabe resaltar la afirmación que EVELIA, amiga de Catalina, suele repetir, cuando se encuentra en dificultades y que expresa la tranquilidad sentida con la repetición de las expresiones a continuación:

*Gracias Señor mi Dios…*
*Por derramar tú sangre preciosa sobre mí…*
*Gracias por allegar hasta mí…*
*Tu fuente como bebida purpurina…*
*Que embriaga, que librera y…*
*Que perdona nuestros pecados.*

**Fondo musical: Abre las puertas de tu corazón – Arturo Giraldo**

**Salud Mental:**

Las personas a nivel mundial han adoptado diferentes formas de vivir en el presente Marco de Tiempo en Pandemia… Algunos tienen demasiado miedo y esto los impulsa ciegamente a permanecer en casa… Otros por el contrario, pareciera que nos les interesa, porque simplemente andan por las calles simulando no estar enterados de lo que pasa a su alrededor. Pero el tiempo pasa y ahora el mundo se aproximaba a los cinco meses de confinamiento.

La impaciencia y deseos de un pronto terminar, se estaban apoderando de las personas. Algunos incluso, de repente descubrían que tenían fobia a estar encerrados… La conciencia del cuidado personal y familiar, no se hacía esperar y todos a su manera. Unos han tomado la decisión de realizar sus ejercicios físicos en casa, manejan su respiración y retoman sus fuerzas cuando de relaciones matrimoniales se trata. Hay igualmente quienes se han dejado afectar  demasiado y esto simplemente se ha constituido en algo catastrófico porque no ejercitan su mente y mucho menos sus cuerpos.

Existen también las personas que tienen a sus alrededores parques naturales cercanos y han tomado como rutina diaria, salir con el cumplimiento de los protocolos, a disfrutar del aíre libre y realizar un poco de ejercicio mental y corporal.

Diríase que todo lo anterior depende de quién está en cabeza de cada familia, qué cabeza fuerte o débil al comando del núcleo familiar… Quién enseña a una familia que la felicidad, el disfrute de la vida, parte de lo que todos llevamos dentro y se manifiesta en nuestras emociones.

Depende de un líder familiar que convierta a los suyos en la mejor versión de cada uno de ellos, el ejemplo de vida que transmita a los suyos.  El líder familiar, no siempre es el de mayor edad en un hogar...

Éste puede ser incluso el más pequeño, aquel que mejor tenga la cabeza  muy estable a nivel emocional y decida encaminar a su familia de una manera amorosa, aquel que simplemente se empodere y sepa que la familia es su responsabilidad y quiera sacarla adelante en fortaleza. Donde no exista un líder, se puede tener la potestad del desmoronamiento entre los miembros del núcleo familiar.

Un líder encamina a su familia, está siempre dispuesto a colaborar, es alegre, paciente, proyecta experiencias de felicidad y se constituye en necesario para los demás. Actúa, fortalece a su grupo y hace que todos adquieran la mayor fuerza mental.

Esto resume que cada individuo a su comando, esté fuera de enfermedades, que tenga un sistema inmune fuerte, porque simplemente su líder le impulsó a transformar un mal en un bien.  Uno de los secretos personales, es el amor que coloquemos a cada acción que realicemos.

**Caso Lola:**

Lola es una abuela de avanzada edad. Empezando el presente Marco de Tiempo en Pandemia, tomó las riendas de su familia, especialmente de su nieto de nueve años de edad. Se levantaba muy temprano, hacía ejercicio físico y animaba a su familia a seguirla, proponía alimentación sana, estudiaba con su nieto, sacaba tiempo para bailar e invitaba a los suyos a hacerlo... Propiciaba los juegos de mesa entre la familia, siempre amable y con una sonrisa, ayudaba a todos los suyos.

Lola solía dar gracias a Dios por su levantar, gracias por su familia, gracias por su baño, gracias por sus alimentos, gracias por sus cobijas, gracias por su cama, gracias por su techo que no le dejaba mojar y le evitaba el frío o el calor exagerados, en fin, daba gracias a Dios por todo y en cada momento de su vida. (Valga la redundancia). Así mismo bendecía a los suyos a diario. Su espíritu estaba altamente elevado y feliz día tras día.

De su mesada pensional, no había porqué gastar un peso, porque todos sus gastos estaban cubiertos. Fue así como empezó a observar que a la puerta de su edificio llegaban los diferentes grupos de músicos y cantaban para obtener un poco de dinero para su subsistencia y la de sus familias.

Fue entonces cuando Lola cayó en cuenta que un dinero en el banco, no servía de mucho en estos instantes y entonces preparó bolsitas con pequeñas cantidades de éste y salía con su nieto a su balcón para que fuera él quien la rodara por éste para los artistas.

El niño estaba siendo muy feliz con su abuela, con alegría corría a llamarla cada vez que sentía los instrumentos musicales en la portería de su edificio, estaba empezando a disfrutar mucho del compartir con otras personas menos favorecidas. Su familia en general estaba siendo muy feliz, tenían una gran líder.

En este hogar todo era colaboración mutua, bailaban juntos, ayudaban a los demás, compartían muchas cosas en familia y se disfrutaban entre todos. Como resultado de lo anterior, el chico adoptó el ejercicio de ayuda para los demás y se constituyó en una linda colaboración a nivel de estudio para sus compañeros (ahora virtual), pues les colaboraba en sus tareas estudiantiles y servía de guía en el desarrollo de trabajos grupales.

La mejor educación que se puede suministrar a las personas, es definitivamente el ejemplo personal de los guías a nuestro lado.

La familia de Lola siempre la ha considera un poco loca, pero entre comillas, porque en el fondo de sus corazones, saben que todo lo que hace la abuela, es bueno y por el bienestar de todos. Ella les invita a meditar, les explica que después de una meditación, se rejuvenecen diez años de vida. Lola también borda en tela y sus amigas le compran algunos bordados. La verdad es que ella exporta la paz que lleva dentro de su corazón.
**Fondo musical: Canción de Amor al Prójimo – Rafa Paz**

**Autora:**

La abuela Lola es ejemplo de vida, pese a su avanzada edad, no tenía miedo del mundo ni mucho menos de una pandemia de todavía no llegaba a la vida de ella y tampoco para su fortuna, de ningún miembro de su familia. Nunca hubo pánico en ella, siempre aconsejaba a los suyos para que se rodearan de personas buenas, porque éstas daban felicidad y también les aconsejaban liberarse de las personas tóxicas y que por demás tuviesen un léxico fuerte, porque esto no convenía según ella a ningún ser humano. Lola transpiraba paz y así se lo transmitía a su familia.

Tenía grandeza de higiene mental, siempre pensaba en positivo, era muy feliz porque le parecía que el balance de la crianza de los suyos, era satisfactorio, porque la nobleza que veía en cada uno de sus miembros, la satisfacía. Ella tenía salud tanto mental como física, porque sabía manejar sus emociones y siempre exportó la mejor versión de sí misma.

Tomar ejemplo de nuestros mayores, es educación a todos los niveles, ellos: Aquellos que supuestamente fueron los menos estudiados, aquellos que tuvieron menos posibilidades económicas, aquellos que tienen a su descendencia donde la tienen con labores menos favorecidas y de más esfuerzos… Son ellos los que ahora entienden que El Mundo es de Dios, que ahora es cuando y que debemos constituirnos en colaboración hacia los demás, que de nada habrá valido nuestro paso para el mundo, si no estuvimos al servicio de los demás, que adelantarse al pensamiento de la vida, se constituye en sabiduría, que la actualidad se acepta simplemente, que se vive el presente sin miedos y que se debe procurar estudiar soluciones que convengan a todos.

Ayudar a los demás, igualmente es un secreto de vida, porque nos fortalece nuestro sistema inmune y nos engrandece ante nosotros mismos y ante Dios, siempre y cuando sea con humildad y amor en nuestro corazón, controlando nuestros pensamientos, para que siempre sean positivos y en pos del bienestar de la humanidad.
**Fondo musical: Gracias Señor – Joan Sebastián**

**Los presentadores de la televisión:**
Son un gremio privilegiado en el presente Marco de Tiempo en Pandemia... Ahora se ha generado todos los eventos virtuales, así que igualmente los programas de televisión los han adaptado para que cada persona los presente desde casa.

Es así, como las programadoras siguen su mismo ritmo en cuanto a los programas presentados, porque cuando son directos, los presentadores están en casa con su transmisión a distancia y acatando la orden de cuarentena establecida por ley. Ahora los animadores han presentado más relajamiento en su arreglo personal, porque desde casa, solo muestran la mitad de su cuerpo, así que sus relatos son igualmente con humor y admiten que tienen pantaloneta y pantuflas. Es evidente que una imagen vale más que mil palabras, pero en este caso, el público no capta esto, porque las cámaras están forjadas de manera adecuada para que no se vea la otra mitad de la cara en pantalla.

Los días pasaban en la cuarentena establecida por ley y los presentadores cada día más adaptados a la presentación desde la incomodidad de sus casas. Fue una gran iniciativa, pues debían dar ejemplo ante la sociedad. Igualmente, grababan las transmisiones en vivo, desde un teléfono celular... Difícil adaptarse en casa y en las condiciones que ofrecía un aparato como el propio. Tienen igualmente un problema y es que la información ya no saben hasta qué punto es cierta o falsa, ya que el servicio de mensajería sobre lo sucedido, les llega por redes sociales de las diferentes plataformas y su contexto es simplemente dudoso, porque a veces no identifican: ¿Dónde se grabó la información? O ¿Quién tomó la foto?

En fin, su credibilidad en todo lo que les llega para transmisión en vivo a los televidentes. Se torna difícil esta situación, porque los consumidores de la T.V, a veces suele parecer que están ahí, más para la crítica y captación del problema, pero poco para el elogio y reconocimiento del bien que se prodiga con la información.

El tema es delicado, ya que los programas son en directo y no se admiten falsedades en su diálogo, porque simplemente no hay oportunidad de realizar una edición donde se pueda borrar la inconsistencia de la equivocación y empezando este sistema, se ocasionaron muchos errores en vivo, como por ejemplo: Que la pareja del presentador saliese caminando detrás de él, en ropa interior, sin percatarse de que la cámara le alcanzaba.

Así mismo, la madre que pasaba con una bandeja de ropa sucia para la lavadora, casos así, entre otros, pero que a través del paso del tiempo de cuarentena, se ha ido solucionando, porque a los ojos del televidente, esto no se ha escapado, así que las quejas y bromas sobre sus equivocaciones humanas, no se han hecho esperar.

Pero está también la otra cara de la moneda: Muchos de los presentadores en sus directos televisivos, han aprovechado la situación para criticar duramente a los políticos y esto en ocasiones, con repercusiones casi que letales para los afectados.

Aquí nada que hacer, porque ya está dicho y fue en directo. Esto último ha ocasionado que se establezcan demandas entre unos y otros, por el poco cuidado de sus expresiones en vivo. Han sido muy directos en sus cuestionamientos y todo trae consecuencias que tal vez hoy están lamentando.

Cabe recordar aquí la frase con signo de interrogación del Papa Francisco a él mismo: "¿Quién soy yo para juzgar? Es evidente que esto es una enseñanza de vida, porque si nuestro máximo exponente de la religión católica, nos da su ejemplo, es simplemente porque es el camino correcto a seguir.

Lamentablemente existe quienes se creen con derechos de opinar sobre su prójimo sin entender que no tienen potestad alguna porque simplemente El Mundo es de Dios.
**Fondo musical: Tolerancia: Wilfredo Yac**

**Caso Maricruz:**

Una periodista que le tocó aprender con la circunstancia actual. Era nueva como presentadora en un canal de televisión y estaba recién casada. Tuvo que adaptar la sala de su casa para la presentación de sus programas. Esto generó que tuviese que madrugar mucho, porque su esposo le invitaba en cuarentena a ver películas hasta tarde en aquel espacio. Fuera de su trabajo, Maricruz también tenía que nutrir su vida familiar, aquella familia que empezaba hace poco con su esposo. Así que ella trasnochaba con éste y debía levantarse temprano para tener todo preparado al momento de su presentación en directo.

Por su calidad de recién casada, su esposo quería estar en todo momento con ella, haciéndole caricias coherentes a su relación y no entendía que ella debía estar en este instante, frente a las cámaras. Esto ocasionaba que él se enojara con ella, porque según él, lo abandonaba. Pero Maricruz entendía que El Mundo es de Dios y que ahora era cuando y que tenía que estar muy cerquita siempre de Dios, así que optó a pesar de su cansancio, por madrugar una hora más y frente a la ventana de su baño, miraba al cielo y allí, se desvivía en diálogos con el Todo Poderoso, al que le pedía que le ayudara para no flaquear, porque entendía que su trabajo era muy importante y lo agradecía en el presente Marco de Tiempo en Pandemia... Ella sí, tenía el privilegio de tenerlo y no así, algunos a su alrededor. Pero estaba su esposo a quién amaba infinitamente; así que le pedía siempre una guía a Dios, muy temprano oraba y decidió que sería valiente, que nada le derrumbaría y que podía con todo. Hacías siempre sus labores con amor infinito en su corazón.

En las noches, su esposo le hacía acostarse tarde, porque fuera de que veían películas, también quería bailar, quería hacer el amor con su presentadora favorita, quería disfrutar a su pareja todo el tiempo y ella quería lo mismo, pero igual deseaba cumplir con su trabajo. Compartían la energía que provenía de Dios hacia ellos y eran muy felices. Maricruz tuvo siempre mucha paciencia, pero le nacía del corazón, amaba su trabajo y amaba a su esposo.

Estaba llena de amor y felicidad, así que entendiendo el privilegio de Dios para ella, prometió ser muy fuerte. Como honra a su cuerpo, optó por invitar a su esposo a caminar en el parque cercano, pero lo hacían descalzos sobre el césped. A veces realizaban prácticas de yoga y tomaban el sol al igual que disfrutaban de la lluvia tomados de la mano.

Todo este alimento espiritual, reconfortaba a Maricruz y simplemente todo se daba a su favor, porque ella también con el amor que la caracterizaba, realizaba prácticas de agradecimiento hacia su cuerpo, se miraba al espejo y se decía a ella misma lo fuerte que era, lo hermosa que estaba siendo, lo feliz que era… Practicaba el reconocimiento de sí, con mucho amor por ella misma y con su linda espiritualidad, lograba todo en bienestar de su familia, porque igualmente la niña que le ayudaba en sus labores de casa, ya no podía ir con ella.

Era todo en Maricruz, pero reflexionaba en lo mucho que tenía en el presente y esto daba impulso a sus acciones, su espíritu era luz, ella entendía que simplemente El Mundo es de Dios y lograba el mejor desempeño laboral, e igualmente hacía feliz a su esposo y ella misma, era muy feliz.
**Fondo musical: Temprano yo te Buscaré – Marcos Witt**

**Autora:**

Amarse a sí mismo y entender cuál es nuestro propósito en la vida, también es un poco amar a Dios. Esto implica voluntad, compromiso y paciencias en amor. Por lo tanto, Maricruz lo estaba asimilando. Lo hacía todo con amor y cuatro meses después en cuarentena, su esposo estaba adaptado a la circunstancia y a ella con su colaboración, le alcanzaba ahora el tiempo para todo. Lo entregaba todo sin esperar nada a cambio, pero así mismo, ese <<nada a cambio>> llegaba para ella en felicidad en todos los aspectos.

Si buscas dentro de ti, encuentras con seguridad tu potencial, es cuestión de ejercitar tu mente, de salvar con tus acciones, a una familia entera y a los que te rodean. Dar mucho es recibir, cuando éste dar, es sincero y con amor. Debemos saber que todo en la vida tienes sus consecuencias malas o buenas según nuestras actuaciones y es por ello que Maricruz tenía sus frutos en felicidad. Dios al comando de su vida.

Ella tiene la convicción de que es deliciosamente egoísta y en ese sentido, se limita a dar mucho de ella tanto a sus compañeros de trabajo a los que ayuda mucho, como igualmente a su esposo, además de la atención personal a su hogar. Así mismo se ha constituido en colaboración con sus colegas, porque ella ya venció los obstáculos de su presentación en vivo desde casa en el presente Marco de Tiempo en Pandemia. Maricruz es inmensamente feliz y es porque tiene amor en su corazón y desde allí, exporta a los demás en energías positivas.

**Fondo musical: Todo lo puedo en Cristo que me fortalece – Arturo Giraldo**

**Adopciones:**
Las adopciones en el mundo entero, se han paralizado un poco aunque de igual forma, existen familias que ya tenían muy adelantado su proceso y durante la cuarentena, se siguieron estudiando desde casa las solicitudes. Hubo acompañamiento de las familias porque estaban ansiosas de dar mucho amor y cariño a un menor abandonado.

El instituto Colombiano de Bienestar Familiar ICBF, es la autoridad encargada y sus funcionarios están atendiendo lo más pronto posible desde sus casas para llevar a feliz término la entrega de un menor a su nueva familia de corazón. Por normas de ley, se han afectados más de 60 procesos de adopción tristemente para familias y menores.

Igualmente se ha generado que algunas familias se han arrepentido de adoptar a estos pequeños que tanto amor necesitan. Aluden que lo hacen por que la economía ya no les acompaña. Los menores quedaron en el limbo, pero el gobierno decidió darle una solución transitoria, por lo menos en lo que se refiere a la labor de sus funcionarios, para garantizar así, los derechos de los niños y adolescentes que están en busca de un hogar en amor.

La solución llega poco a poco en ganancias para quienes lo necesitan. Ahora el plazo es muy corto y así las leyes colombianas facilitan el proceso hacia los menores y sus nuevas familias en felicidad.
**Fondo musical: Así nacemos – Julio Iglesias**

**Caso Stephanie:**
Tenía tres años de feliz matrimonio y por alguna razón que ella ni su esposo controlaban porque simplemente El Mundo es de Dios, no podían tener hijos. Fue por esta razón que decidieron entablar un proceso de adopción de un bebé recién nacido, porque siempre lo habían deseado incluso desde su noviazgo. Su esposo siempre le hizo promesas de amarla por siempre tanto a ella como a su bebé adoptado, porque según él, lo único que le importaba, era su felicidad. Ahora parece que se estaba olvidando de ello.

Este proceso ya estaba adelantado ante ICBF, antes del mes de enero del año 2020 y quedó en receso, porque los funcionarios de esta entidad, se estaban adaptando y organizando para trabajar desde casa. Sin embargo, el esposo de Stephanie, perdió el interés porque según él, pensando responsablemente, no había dinero para sostener económicamente las necesidades de un bebé. Se fomentó entonces discordia entre los esposos, porque Stephanie sí deseaba recibirlo con cariño y agradecimiento por la vida, ya que su deseo de ser madre, estaba más allá de lo que podría significar un matrimonio y una convivencia marital. Ella esperaba a su bebé con ansias y preguntaba con frecuencia para cuando estaría listo su trámite.

Fue así como un día a finales del mes de mayo 2020, le llamaron del ICBF para comunicarle que su solicitud fue aprobada y que solo debía firmar la notificación oficial y ya tenía a su bebé con ella. Igualmente le indicaron que existían en el momento tres bebés de los estándares solicitados por ella y que debía también escogerlo.

Ella se veía impotente frente a esto último, pues no se sentía capaz de escoger a un pequeño y así mismo despreciar al otro.  Es por ello que decidió solicitar a la entidad, que por favor le escogiesen ellos a su bebé. Colgando su teléfono, fue muy feliz hacia su esposo para contarle lo ocurrido, pero se sorprendió de mala manera, porque éste le dijo que ya no deseaba un bebé y que lo hacía de manera responsable porque en el momento, sus finanzas habían bajado.

Stephanie no lo podía creer...  Su ilusión de tanto tiempo, se veía vulnerada ante aquella respuesta, era inconcebible que pasara esto... (Pensaba dentro de ella), no entendía la actitud de su esposo, tenía frío en su alma y la tristeza se apoderaba de ella a diario.

Le recordó a su esposo dónde estaban las promesas de otorgarle siempre felicidad y dónde el cariño y la comprensión de siempre hacia la presente relación, porque éste estaba siendo un poco brusco.  No lo podía creer y su corazón sollozaba con incertidumbre, porque ella ya amaba a aquel pequeño.

Dos días después, entendió que ser madre por cualquier medio, es privilegio de Dios, es entender una segunda oportunidad en la vida, es entender que prodigar amor a un pequeño, es un lindo derroche de felicidad hacia otra persona y más a un infante que lo necesitaba.

Entendía también que este bebé llenaría sus espacios, porque desde siempre ella deseó ser madre.

Fue así como le solicitó a su esposo que por favor le ayudara con la firma de la resolución de ley, para que le entregaran al bebé y que luego si así lo deseaba, podría simplemente abandonar la casa, porque ella, aceptando su amenaza de abandonarla si el bebé llegaba a su hogar, lo prefería así y se constituiría solamente en madre antes que mujer.

Su esposo no podía creer lo que le parecía absurdo de Stephanie;  La verdad es que lo había formulado en un momento de ironía por impotencia económica, pero él amaba a su esposa.  Le abrazó fuertemente y le pidió perdón, le indicó que el presente Marco de Tiempo en Pandemia, le había hecho reflexionar y que la promesa hecha de hacerla feliz de por vida, estaba todavía en él y que por supuesto que le ayudaría con la crianza del nuevo miembro de la familia.

El feliz menor, se los entregaron el 15 de junio 2020 y fue así como reforzaron sus lazos matrimoniales en amor, porque todo se les facilitaba a pesar de los pocos ingresos económicos que ahora llegaban a la familia. Vivían el uno para los dos y los dos para uno.  Fueron uno solo en colaboración mutua, amor y felicidad.  Privilegio del pequeño que llegó a fortalecer sus lazos de amor.
**Fondo musical: Cuando se quiere de veras – Julio Iglesias**

**Autora:**

Es evidente que el amor es el motor de la vida; Está establecido como emoción, agradecimiento, valoración de sí mismos, ayuda mutua y felicidad compartida. Estas sensaciones fueron impulso de vida para Stephanie y su pareja. Éste último entendió que prodigar amor, es más fácil de lo que se piensa, solo es buscar dentro de ti; Que te inspira ese bello sentimiento y así mismo, exportarlo porque está ahí para el ser humano. Es evidente que así mismo, las buenas acciones en amor verdadero, solo pueden traerte felicidad cuando se es sincera su expresión.

Cabe anotar aquí el hermoso pensamiento de EVELIA, aquella amiga de todos, que se formulaba en ayuda para los demás, por su limpieza de espíritu.

Ella animaba a su amiga Stephanie con palabras y frases dulces que a continuación se exponen, porque es lindo tomar enseñanzas en alabanzas a Dios, de un corazón sincero, que se constituye en el presente caso, en fortaleza para su amiga y le indicaba simplemente que existe un mañana diferente, si es basado en el amor de Dios:

### *Su alabanza para Dios:*

*Gracias Señor mi Dios...*
*Por invitarme a tu regazo…*
*Manantial de dulzura…*
*Donde mueren por siempre los hastíos…*
*Y se funden en un abrazo con el Creador…*

Pero ahora la incógnita es: ¿Por qué algunos padres adoptivos suelen no estar tan felices cuando llegan las dificultades en el proceso de adopción? De repente no entienden que aquel bebé vino al mundo agotado por su esfuerzo físico al nacer y que por alguna razón sintió que le tocaba solo en la vida, porque salir del vientre materno, es de alguna manera un trauma para el ser humano y es por eso su llanto al nacer. No pueden entender que este ser humano está ansioso de conocer a unos padres cariñosos y abrigadores; Pero que fuera de su nacimiento traumático, se encuentra con que su madre no está a su lado y debe adaptarse a un cariño de unos padres cuyos genes desconoce, pero que suele suceder que exista amor a primera vista entre ellos y es por eso que deben darse la oportunidad de conocer a este menor, antes de su rechazo.

Una madre adoptiva, no vive el proceso del nacimiento tormentoso de la criatura a adoptar y mucho menos el padre... Es precisamente aquí, donde deben desplegar todo su amor, el mismo que les hará feliz a ellos mismos por la ternura que inspira un bebé en la familia.

Este pequeño no tuvo la oportunidad de ser cobijado en los brazos de una madre cariñosa por motivos que él mismo no comprendió a la hora de su nacimiento. Entonces es menester de los padres adoptivos, hacerles olvidar el rechazo de que fueron víctimas, tal vez desde el vientre. Es apenas natural que al principio se sientan aturdidos por la situación, porque van a aprender a ser padres. Han circulado sobre ellos muchos consejos sobre la crianza de los bebés y tal vez no lo han asimilado como debe ser, o quizás están asustados.

Esto es normal. Es evidente que hay que dar tiempo, pero no mucho porque existe una personita que no tiene la culpa de vivir la circunstancia. Igualmente es una linda responsabilidad que Dios da al ser humano de ser padre y constituirse en protectores y guías de un infante desubicado por su duro nacimiento y por demás, rechazado inicialmente por su madre biológica (sin juzgar los motivos).

En la mayoría de los casos, afortunadamente llega un momento en que la familia se va adaptando al nuevo miembro y éste a ellos porque ahora ya no tiene tanto llanto encima y de alguna forma, empiezan a ser muy felices. Es entendible que el amor también necesita tiempo y espacio.

La familia empieza a observar que el bebé es hermoso y que les gusta cuidar de él. Se constituye en una linda adrenalina y cada día, se busca el conocimiento entre padres e hijos adoptados. Empiezan todos a descubrir un sentimiento maravilloso que ocurre porque el amor proviene de Dios, entonces no existe duda de que El Mundo es de Dios.
**Fondo musical: Cuando tú Naciste – Oscar Medina**

**EL CAMPESINO:**
Tal vez uno de los gremios más enfocados en el presente Marco de Tiempo en Pandemia porque sus productos son de consumo alimenticio casi inmediato para el ser humano. Se constituyeron en el centro de importancia para la humanidad a nivel mundial pero se vieron muy afectados porque empezaron las cuarentenas y eso hizo que no pudiesen pasar sus camiones a las diferentes ciudades, para la distribución de sus productos.

Puede decirse que los campesinos se constituyeron en los héroes en Pandemia porque no se detuvieron… El Campo por el contrario, ha robustecido su papel en el mundo y creo que los seres humanos, ahora valoran mucho más su rol en el estilo de vida actual. Fue el campo quien garantizó la alimentación de los países y es precisamente este gremio quienes mueven la economía actualmente. Son héroes de vida.

*Ellos siempre han estado ahí, pero lamentablemente muy ignorados en las diferentes comunidades. Pese a lo anterior, estos héroes no paran, trabajan mucho y labran la tierra con amor y cultivan sus productos.*

Han sido felicitados por los diferentes líderes de gobierno porque no se rinden y general alimento que se constituye en salud para los seres humanos. Igualmente se han establecido ayudas económicas para ellos, por su emprendimiento y trabajo incansable para llevar alimento a la mesa de cada personal. Es muy bonita su labor.

Los campesinos cuentan con la fortuna de tener a sus muy buenos vecinos, en casas aisladas y un poco lelos, pero que igualmente no les impide su colaboración mutua.

Son casi ellos solos, porque igualmente en su mayoría, ni siquiera disponen de un teléfono celular. Madrugan mucho y labran la tierra con mucha felicidad. Ordeñan, adoban la tierra doblando su espalda en el cultivo y casi que olvidan la pandemia generada, al igual que sus empleos siguen sin miedo a un contagio, porque simplemente no tienen capacidad para pensar más allá del amor por su trabajo. Ellos entienden que El Mundo es de Dios.

Son felices a pesar de que el estudio de sus niños se ve afectado porque no cuentan con un aparato tecnológico para desempeñar sus labores académicas y es ahí, donde el gobierno nacional ha instaurado ayuda para ellos. Diríase que son un punto aparte muy importante de la sociedad, porque en su limpieza de corazón, aceptan simplemente el hoy que les da un amanecer en el campo con el dulce cantar de los pajarillos a su alrededor, con un café preparado en leña todavía en la presente fecha, con un pan de bono o arepa, ofrecidos con amor por una madre trabajadora y con la felicidad de saber que hoy también labrarán el campo para llevar a la mesa de los seres humanos en el mundo, sus hortalizas y distintos derivados.

**CASO ORLANDO:**

Es un niño de apenas 14 años de edad, madruga… Se ha constituido en un gran apoyo para sus padres. Estudiaba en una pequeña escuela que le quedaba muy lejos de su casa y debía atravesar un riachuelo un tanto peligroso para su integridad personal.

Sin embargo, siempre madrugaba a las cuatro de la mañana para ayudar su padre en el ordeño de las vacas, antes de ir al colegio. En tiempo de Pandemia, ayudaba con más frecuencia a su padre en todo lo necesario en el campo, pero igualmente miró al otro lado de la barrera, donde muchos de sus compañeros e incluso él mismo, no tenían como estudiar por falta de un computador, o teléfono celular o Tablet.

Por lo anterior, recordó que uno de sus compañeros tenía un hermano mayor y alguna vez le dijo que él tenía un computador. Fue así como a pesar de lo lejos y dificultoso del camino hacia su amigo, Orlando le visitó y le propuso que por favor fuese todos los días con su computados en las mañanas, que invitaría a todos sus compañeros a su casa para que desde éste, estudiaran todos y las clases virtuales se llevaran a cabo.

A cambio, Orlando le ofreció que podría llevar diariamente a su casa un litro de leche y las hortalizas necesarias para el sustento de su familia. Propuesta ésta que fue aceptada de inmediato, porque la familia de su amigo, no tenía los suficientes recursos económicos para su alimentación diaria, así que la propuesta llegó en buena hora porque se beneficiaron muchas personas en el campo con el presente hecho.

La casa de Orlando, se llenaba de alumnos en la mañana y el chico sentía tal satisfacción, que ahora madrugaba más para ofrecer a sus compañeros un refrigerio, aparte de su estudio.

Los padres de sus compañeros, los más agradecidos con la vida y con Orlando y fue así como se fomentó en el pueblo, un intercambio mutuo, porque quien tenía un producto, lo cambiaba por otro entre ellos y así nadie pasó dificultades a nivel alimenticio, gracias a la iniciativa de un chico llamado Orlando, quién todo lo hacía con y por amor a sus padres.
**Fondo musical:  Mis Queridos Padres -  Simón León**

**AUTORA:**

Es evidente que siempre, cada ser humano tiene demasiado para dar, para compartir y para dejar enseñanzas de vida.  Orlando expresaba amor infinito por sus padres, sabía que les debía la vida, pero a sus escasos años, tampoco se olvidó de su prójimo cercano como lo eran sus compañeros de clase.Todo se fomenta en el estudio de soluciones, en la búsqueda de apoyo o soporte, porque Orlando se propuso salir del abismo que generaba ya no asistir de manera presencial a su colegio.  Se constituyó en soporte de muchos y mano derecha de sus padres. Él sabía que en la vida: Todo es posible, Nada es imposible, Nada es seguro.  Él supo mirar las herramientas que el mundo actual le ofrece a los seres humanos y entendiendo que se depende ahora de una tecnología, entonces emprendió su búsqueda porque sabe que ahora es cuando y se ha propuesto sacar a su familia adelante y cooperar con sus compañeros de clase.

Es lindo que el ser humano busque la solución al problema, porque desmoronarse ante las situaciones, no es viable y hay caminos a seguir en el mejoramiento de una vida con calidad.Orlando tiene mucho amor por sus padres y ese es precisamente el impulso de vida para la realización de sus actuaciones.  Él supo definir el problema y buscó la solución rápidamente… Finalmente pudo evaluar que fue muy interesante y de admirar lo que gestionó, porque dio un camino de aprendizaje a sus compañeros sin egoísmo en su corazón.  Se puede sugerir que los seres humanos en el mundo entero, sigan el planteamiento en amor de Orlando, ya que es lindo dar soluciones para ayuda a nuestros padres, familiares y el prójimo en general.
**Fondo musical: Salvemos la Humanidad –
Esteban Albert**

**Los Centros Comerciales:**
Estos establecimientos han tenido que cerrar sus puertas porque son los llamados a dar ejemplo ante sus clientes. Iniciando: Cada administrador, cada gerente, cada coordinador, entre otros, tuvieron muchas inseguridades, porque las preguntas eran: ¿Qué haremos ahora con nuestros empleados?     ¿Qué pasará con los locales comerciales? ¿Cómo sostendremos los gastos propios de servicios públicos?     ¿Perderemos a nuestros clientes? Entre otros.

Eran incertidumbres que se planteaban de frente a sus ojos y entendimiento.   Algunos dirigentes, desconcertados y otros en cambio, ya pensando desde el principio, en cómo solucionar el presente Marco de Tiempo en Pandemia y más, teniendo en cuenta que la cuarentena adoptada por el gobierno nacional, empezaba a finales del mes de marzo 2020 y parecía no tener fin porque terminado este lapso, proponían otra cuarentena.

Empezando, no podían abrir sus puertas al público a excepción de los servicios esenciales como entidades bancarias, almacenes de cadena con productos de aseo, canasta familiar o de farmacia.  Aquí se habían ya vulnerado el cumplimiento de metas que cada asamblea general de estos establecimientos, se había propuesto para el año 2020, ya que tenían expectativas de un buen año comercial. El caso ahora es difícil, porque deben establecer plazos incluso para que los propietarios de los locales paguen sus administraciones, lo que significa que las entradas del centro comercial son mínimas y es por ello que tienen que hacer campañas para atraer a los clientes.

Se empezaba a general el cerramiento de los locales comerciales, cada arrendatario entregaba los locales; Los propietarios de otros, tomaban igualmente la determinación de su cerramiento, porque no se sostenían de solamente domicilios.

Paulatinamente el gobierno nacional parecía dar la opción de poder retornar a las actividades de estos centros comerciales, pero estableciendo bastantes protocolos de seguridad, los cuales debían cumplir al pie de la letra, si su deseo era retornar a sus labores lo antes posible, para el alivio de la crisis económica que se estaba generando. El gobierno establecía un lleno del 30% para la admisión de actividades del establecimiento comercial y es por ello que se preparan con todas las medidas sanitarias exigidas con la esperanza de alcanzar la normalidad.

Igualmente opinan que es un tema de disciplina y responsabilidad personal, pero así mismo, tratarán de dar seguridad a sus clientes siguiendo los protocolos que la emergencia sanitaria exige. Promoverán el distanciamiento social mediante la demarcación de espacios entre las personas  y un sinnúmero de medidas en pos del bienestar de sus clientes.

**CASO CENTRO COMERCIAL XXX:**

Antes de la Pandemia, solían realizar muchos eventos en su establecimiento comercial y por este motivo, se constituían en uno de los mejores en el gremio, ya que eran muy visitados día tras día.

Ofrecían a sus clientes, programas como gimnasia con instructor e igualmente tenían un programa llamado <<Jueves de Taller>> para las señoras donde las animaban a salir de su rutina y les hacían ver que el mundo tenía cosas lindas para ellas y que la vida continuaba... Les hacían descubrir que tal vez su vida no se debía a los cuidados de su familia, si no que ahí estaban ellos para demostrar que existían otras formas de existencia en felicidad y las apoyaban para que iniciaran negocios con el aprendizaje de cada taller.

Así mismo, promovían eventos musicales los viernes y los sábados. Esto atraía a muchas personas y quienes les visitaban, alardeaban de la felicidad que experimentaban al llegar a aquel lugar.

El resumen era que a sus administradores, les importaba y les importa el factor humano. Hacían y hacen que las personas se sientan importantes y recuperen su autoestima.

Iniciada la cuarentena, su administración no se quedó pensando desde el miedo... Creo que jamás esto lo tenían en mente. Optaron por ofrecer en primer lugar, un viernes de música virtual en donde su artista de planta, cantaba para sus clientes y esto hizo que no se perdiera la comunicación entre ellos.

Muy pronto instauraron un servicio Marketplace como forma de vender y anunciar los artículos de cada local comercial. Rápidamente empezó a dar frutos productivos, porque los clientes empezaron a dialogar entre ellos y coincidían en lo bien que les venía la propuesta, porque era una forma ideal de cuidarse y no salir de casa en cuarentena, acatando las órdenes del gobierno nacional.

El centro comercial xxx, daba mucho a sus clientes y se desvivía su administración, en tomar las sugerencia de éstos.  Se fueron reactivando paulatinamente los diferentes locales e incluso las salas de cine;  A agosto del año 2020, ya tuvieron el permiso oficial de abrir sus funciones con un 50% de su lleno total.

El presente establecimiento de comercio, conserva sus clientes y se reactiva poco a poco.  Exportan ellos hacia su gente: *¡Un día volveremos – escrito está!,* porque simplemente: El Mundo es de Dios.
**Fondo musical: Gracias – Pablo Alborán**

**Caso Mateo:**

Trabajaba hasta marzo 2020 en atención al cliente del centro comercial xxx y fue despedido porque no habían ingresos en éste para su pago por sus labores mensuales. Él debía responder por la familia que hace poco había constituido con su joven esposa y por demás, tenían un bebé al que amaban y fortalecía aquella linda relación. En pocos días, se terminó el dinero que le fue suministrado por liquidación de prestaciones sociales y debía pensar qué haría ahora, porque su bebé y sus gastos, no daban espera.

Mateo era alguien emprendedor y pronto optó por vender empanadas que su esposa hacía… Salía a visitar a sus vecinos todas las mañanas y así llevaba el dinero a su casa. Descubrió que era un buen equipo con su compañera de vida y esto le satisfacía porque tienen una linda relación en amor y felicidad entre ambos.

No sabía si el centro comercial cumpliría algún día su promesa de llamarle a trabajar cuando pasara el aparente virus existente, pero mientras tanto, él debía sostenerse a sí mismo y sostener a su familia. A pesar de esta incertidumbre, tenía claro que El Mundo es de Dios y por el infinito amor a su esposa e hijo, madrugaba con ella y elaboraban juntos las empanadas que luego salía a vender. Era persistente en su trabajo y como resultado del amor que ponía en cada puerta que tocaba, las personas le compraban su producto y pronto hasta tenía encargos.

Después de cuatro meses en pare, el centro comercial le llamó nuevamente a trabajar y ésta vez, en un cargo mejorado que fomentaba un aumento considerable en su sueldo mensual.

Su esposa se dio cuenta de que tal vez el negocio improvisado de las empanadas, era una enseñanza de vida, así que continuó con él y se las ingenia con todos los protocolos de seguridad, para llevar sus pedios con su bebé en su coche.  Son ejemplo de amor en familia.

**COMPORTAMIENTO A NIVEL FAMILIAR:**

Durante el Marco de Tiempo en Pandemia, las familias han tomado diferentes actitudes. Hay quienes han descubierto que la familia es el núcleo familiar más importante en la vida del ser humano y se han constituido en ayuda mutua y amor entre los miembros de su unidad.

Otros por el contrario, experimentan el no soportarse los unos a los otros y es que ahora: El esposo está en casa 24 horas al día, los estudiantes igualmente y algunos hogares, cuentan con una medre de familia a quien se le ha incrementado su labor en el hogar.

En algunos hogares, se ha fomentado más desorden en sus espacios, otros por el contrario, son conscientes de la paz que trae al espíritu un ambiente limpio y en orden. Son éstos últimos, quienes tienen sentido de colaboración con una madre que se los ha dado todo y siempre ha cuidado de su hogar, tal vez sin mucho reconocimiento por parte de su esposo he hijos.

Se genera el maltrato a la mujer como otro virus, pero muy silencioso, porque una madre generalmente tiende a callar los abusos sobre ella. Se ha generado hacia estas mujeres guerreras, un maltrato especialmente psicológico a diferencia de muchas otras formas de maltrato.

Es así como algunas familias simplemente están viviendo un infierno del cual es difícil salir.

Es raro que una madre denuncie el maltrato de sus hijos o esposo, porque generalmente siente por ellos un amor incondicional y especial, que les hace olvidarse de sí mismas y tomar ésta decisión, les es imposible porque en su falta de autoestima generada por las palabras despectivas hacia ella por parte de los suyos, tiene mucho miedo y teme a las consecuencias de su acción.

Una madre debe entender que primero que su esposo y primero que sus hijos, está ella como persona… No puede callar ni mucho menos aguantar una situación familiar que no la favorece bajo ningún motivo.

Está visto que en su mayoría, una mujer no denuncia la situación por diferentes motivos, pero a veces suele suceder que llega la persona indicada y con un consejo a tiempo, puede hacer que esta persona se empodere y decida poner un <<hasta aquí>> porque simplemente se ahoga en la situación.

**CASO MARÍA:**

Tiene 36 años de edad y un hijo de 18 años. Igualmente un esposo que desde antes de la Pandemia, ella ya detectaba que tenía una amante. Siempre se dedicó al hogar sin mirar perspectivas de vida diferentes y admitiendo la situación con su esposo por miedo a quedarse sola o porque simplemente lo amaba con un amor dañino.

Su hijo estudiaba y así mismo ella tenía todo listo para él a pesar de que éste era déspota y exigente con ella e igualmente para nada considerado. Se la pasaba con sus amigos en la sala de la casa y ella debía atenderlos y limpiar el reguero cuando éstos se marchaban. Su esposo hacía otro tanto, con sus amigos tomaba licor que ella debía servir sin importar la hora nocturna constituida y simplemente lo aceptaba porque decía amarles demasiado. Así mismo se daba cuenta de que éste no respetaba la cuarentena impuesta por el gobierno y simplemente salía en ocasiones a ver a su amante y se lo comunicaba de frente con frases como: "Tú no me das lo que ella me da, así que voy a buscarla" "Tú no te comparas con ella" "Ella es más mujer que tú y por ello está en mi vida". María no reaccionaba, solo se quedaba en casa sollozando y era su hijo quien la sacaba de este letargo, pero igualmente con frases despectivas hacia ella donde le indicaba que debía arreglarse un poco más, porque ya le daba pena que sus amigos le viesen una madre tan fea, entre muchos más defectos que le resaltaba con ironía, pero que igualmente María no era capaz de refutar.

Pero María tenía una amiga muy empoderada ante la vida, separada de su esposo casi por una situación similar y quién había encontrado otra manera de vivir en felicidad sola y valorándose a ella misma.

El resumen es que María reaccionó y un día, silenciosa como siempre, sin decir nada, simplemente empacó sus pertenencias personales y se fue a compartir el apartamento con su amiga incondicional. Empezó a cuidar de ella misma, sabía coser, así que encontró en este medio, un camino de subsistencia personal, se sentía feliz y tenía muchos planes para el futuro, ahora nadie le controlaba su tiempo, trabajaba en su momento y tenía amor propio, por lo que sabía que jamás volvería al lado de su esposo e hijo. Les seguía amando, pero ahora no estaba dispuesta a ser su juguete. Ahora se quería mucho a ella misma y agradecía a su amiga por enseñarle otro camino y estilo de vida. Ahora era feliz.

Pero por estos días, eran su esposo e hijo quienes se desvivían en atenciones hacia ella para que volviese a su lado. Le llamaban, le decían palabras lindas, le enviaban cartas preciosas, tenían detalles físicos con ella, como el envío de flores, chocolates, ropa interior preciosa por parte de su esposo, escritos donde le hablaban contrariamente a lo que con palabras le expresaban antes, entre otros.

María jamás desea volver con ellos y su esposo e hijo, están demasiado tristes, pero El Mundo es de Dios y la lección de vida deben aprenderla simplemente, porque ahora no tienen quien esté a sus pies y deben hacerlo todo por ellos mismos, además de que descubrieron que la amaban, pero ya un poco tarde, porque para beneficio de María, ésta reaccionó favorablemente en Amor Propio.
**Fondo musical:  Si no te Hubieras Ido – Marco Antonio Solís**

**AUTORA:**

María hizo lo que debía hacer. No es posible el maltrato en ninguna de sus especies hacia la mujer. Existen códigos de ley que lo prohíben, pero lo más importante, es la mente de los seres humanos en constituirse en cariño a un ser que solo brinda amor y felicidad como en este caso, una esposa y madre. Los seres humanos a veces lamentablemente herimos sin saber el daño psicológico a una persona que un día amamos y ahora no valoramos.

La figura de madre está envuelta en un hilo sagrado, ellas entregan todo por el bienestar de sus hijos, pero así mismo y casi sin caer en cuenta de la situación, de alguna forma esperan lo mismo, aunque existen casos contrarios al de María. Las madres son sensibles, se guardan sus heridas y las dejan en su corazón acumulándose poco a poco. Las ofensas a una madre son absurdas, pero todo está también en la actitud permisiva de ésta. Muchos hijos no valoran el tesoro de tener una buena madre en su camino.

Un esposo abusador, es digno de alejarse de él, porque simplemente no aporta bienestar a la mujer dispuesta a darlo todo por él. La mujer maltratada en cualquier caso, debe denunciar a las autoridades tal abuso, máxime en la presente época, donde se ponen a disposición todos los medios para no quedarse callada.

Lamentablemente sufren de miedo y falta de autoestima y es ahí donde un esposo maltratador he igualmente un hijo de la misma índole, se aprovechan para satisfacer sus instintos cobardes. En el presente caso, María contó con una gran amiga que le ayudó a planificar la forma de salir de casa, donde no era valorada como mujer, como esposa, ni como madre.

Su amiga le ayudó a elaborar un plan de seguridad y salir de aquella violencia a la que estaba siendo sometida aparentemente sin salida. Se cree que no es tan fácil encontrar la felicidad en nosotros mismos, pero si lo pensamos mejor, es posible y mucho más, porque nuestra mente es quien lo decide todo por cada ser humano y solo es cuestión de mirar nuestro interior.

**La literatura:**

Estamos hablando tal vez de uno de los gremios más favorecidos, porque en nuestro aislamiento, surgen bastantes ideas precisamente sobre el tema presente para plasmarlo en nuestros escritos y un ejemplo de ello, el presente relato.

Existen quienes se han dejado derrumbar por el presente Marco de Tiempo en Pandemia, pero así mismo se cree que un 80% de éstas personas tal vez con una mente más brillante, han tomado la decisión sabia de expresar: <<Ahora es cuando>> y se han dado a la tarea de escribir incluso más que antes, porque el tiempo es propicio y su espacio es más permisivo. Igualmente se ha fomentado la compra de libros, porque algunos seres humanos, han decidido incrementar conocimientos a través de la literatura.

La mayoría han tomado la iniciativa de escribir un libro sobre lo sucedido en la actualidad y se están fomentando diferentes escritos sobre el abismo que cada persona vive. Igualmente se han creados escritos sobre otros temas que simplemente estaban en espera en la mente de un escritor. Es precisamente éste, quien está al asecho de la enseñanza de vida que trae toda situación y es allí donde pretende tal vez realizar un escrito muy bonito, o quizás de mucha angustia o alarma sobre la situación. Esto depende de la mentalidad del autor.

Existen muchas plataformas de publicación de un escrito y es por ello la facilidad del escritor para plasmar allí su relato, novela, cuento, entre otros, porque igualmente, la gente en casa, también han tomado la decisión de buscar buenos libros para su lectura, ya que para algunos, significa distracción y aprendizaje en el presente tiempo.

Los escritos se comercializan muy bien en las diferentes páginas, a pesar del encierro propuesto por los gobiernos sobre los cuerpos, porque las mentes nunca están encerradas y menos las de un prosista.

Para un autor, el confinamiento no existe, porque su mente brillante, acaricia vivencias a diario, vive experiencias propias y ajenas y solo desea llegar al momento de plasmarla en sus escritos.

Es así como estas personas, después de un análisis iniciando el confinamiento, se preguntaron simplemente ¿Para qué es esto? O ¿Por qué se da el tiempo actual? La respuesta la tienen ellos mismos al decidir que deben escribir, porque rápidamente ya tienen un título. Para un escritor, todo es Color Esperanza.
**Fondo musical: Color Esperanza – Diego Torres**

**VIVENCIAS DE LA AUTORA:**

Es mi deseo dejar un legado personal en el presente relato, dado que creo que sirve de ejemplo a muchas personas que desafortunadamente han tomado otra actitud en la vida en el presente Marco de Tiempo en Pandemia. Es por ello que me permito a continuación relatar a ustedes mis vivencias, con la esperanza de que sirvan como impulso a quienes han tenido un desafortunado espacio presente.

Empezando: Fue un preguntarme: ¿Porqué o para qué estaba sucediendo lo presente a nivel mundial? Fue aproximadamente dos semanas donde en me dediqué a reflexionar y entonces fue cuando pensé simplemente <<Ahora es cuando>>, porque estaba claro que alguna enseñanza de vida traería el presente tiempo, porque tengo claro que El Mundo es de Dios.

Me retomé entonces en felicidad y sin miedo a la vida… Estudiaba virtualmente con mi nieta de nueve años y coautora del libro titulado: De mi Nieta para tus Nietos, Cuentos Infantiles.

Luego de nuestras clases, tomábamos nuestro escrito y fue así como se dio su terminación en feliz enseñanza a mi nieta.

Mi familia viajó y me quedé sola en casa a finales del mes de mayo 2020 y entonces me dediqué a escribir el presente relato.

Consulté muchas enseñanzas, las mismas que me dediqué a exportarlas a mis amigas y a la gente a mi alrededor que deseaba tomarlas.

Me quedé en casa cuidando de mí misma y tuve muchas experiencias lindas en mi soledad, pero igualmente entendía que solo mi cuerpo estaba encerrado, pero mi mente volaba y mi imaginación me hacía muy feliz con todos mis proyectos a los cuales decidí darles fundamento.

Obviamente que detrás de este feliz relato, hubo una historia anterior, pero es precisamente mi feliz exposición en este instante porque definitivamente tienen que pasar cosas en tu vida, para tener algo que contar luego y para saber de dónde te viene tu impulso en tu búsqueda personal de un mañana mejor y en felicidad.

Cumplí años en el mes de agosto y contrariamente de muchas personas que han pasado su fecha en casa y solos, yo estuve rodeada de muchos ángeles en mi camino, ya que muchos amigos (as) a mi alrededor, estuvieron a mi lado con sus obsequios, pero sorprendida, porque mi mayor valoración y agradecimiento hacia ellos, es que se tomaron el trabajo de enviarlos con su presencia física en mi puerta.

Creo que esto es algo que solo me ha pasado a mí en Pandemia, porque estuve muy acompañada (aunque a distancia) y felicitada, así mismo por mi familia que actualmente se encuentra repartida por el mundo entero, pero que me sorprendieron con una video llamada a las cinco de la mañana, donde se constituyeron en bromas y me felicitaron mucho, por lo cual fue un lindo amanecer en carcajadas de mucha alegría con las bromas de cada uno de ellos.

Amanecí muy feliz y recordé que mi lindo cumpleaños estaba establecido igualmente con la Virgen de Torcoroma, porque ella completaba 309 años de su aparición en nuestro planeta tierra. Entonces me propuse estar en mucha comunicación con ella y entregarle mi vida.

Los lazos de amistad con mis amigas, se han fortalecido bastante porque nos hemos propuesto que la distancia de cuerpos, es pasajera y nuestro sentimiento en amistad sincera, sigue intacto y diría yo que más fortalecido en colaboración mutua.

He descubierto que tengo verdaderos amigos (as) en mucha felicidad.  Creo que hay una palabra muy mágica que el ser humano debe aflorar cada vez que pueda y es: GRACIAS, GRACIAS, GRACIAS, así de grande y mucho más, porque es el entender la acción linda hacia nosotros (as) y no se puede dejar de lado ante aquel ser humano cuya bondad de limpieza de corazón le animó a pensar en hacernos felices.

Acto seguido, me dirigí al parque natural que Dios puso justo frente a mi apartamento en el edificio donde vivo actualmente y realizo ejercicios y caminata para el fortalecimiento de mi cuerpo físico e igualmente comunicación en lo que considero: Un paso más cerca de Dios.Caminé bastante bajo el lindo sonido de los pajarillos que se despertaban en aquella linda madrugada y me cantaban casi a mis oídos; Entonces empecé a celebrar un lindo cumpleaños con mi recomendación de mi salud perfecta y la de los míos y amigos, a la Virgen de Torcoroma y esto lo hice en mucha felicidad porque me sentía la más privilegiada del mundo con tal descubrimiento de fechas iguales con nuestra Señora de Torcoroma.

Recuerdo que mi nevera se llenó de productos elaborados en espera de su consumo y así mismo compartí con mis vecinos y personal de portería a mí alrededor. Recuerdo que dejé todo tal cual en mi apartamento y decidí descansar porque hacía muchos meses ya, que no me vestía bonita como era mi costumbre hasta el mes de enero del año 2020, pues adopte solo dos prendas de casa y mi closet esperaba por mí.

Fue fantástico elegir un vestido, aplicarme un perfume y así mismo una crema de manos, colocarme unos aretes y un collar, igualmente unas botas que esperaban en mi zapatero... En fin, fue una experiencia muy emocionante porque de alguna manera, me recordó lo que a nivel físico, era yo misma y que así mismo exportaba para los demás. Son vivencias de vida que disfruté al máximo. Almorcé con mi vecina que cocinó para mí, pero igualmente cumplimos los protocolos, porque yo me senté en una esquina del comedor y ella hiso otro tanto.

Creo que mi día fue increíble, mi familia lejos, pero los sentí todo el día conmigo, así mismo mis amigos (as), que en el presente Marco de Tiempo en Pandemia, descubrí que son verdaderos (as) y que los lazos que formamos de amistad, no se han roto y este descubrimiento de tenerlos en mi corazón, es fantástico y me hacen ser muy agradecida con el creador, porque El Mundo es de Dios.

Realicé con mis amigas una visita virtual que nos dio mucha felicidad... Realizamos un spa donde cada una nos colocamos una mascarilla y nos reímos mucho al descubrir nuestros rostros en pantalla, con el contenido de éstas, todas diferentes.

Creo que nuestro vídeo conferencia, duró aproximadamente una hora y cuarenta minutos. El resumen es que pasé un día increíble.

Desperté al día siguiente y vi mi sala y barra en cocina, llena de papeles de regalo por todos lados, así mismo éstos; En el piso de la cocina había muchas manchas de helado, café, tortas y demás. Descubrí entonces, que yo aparentemente sola, realicé una fiesta y fue brutal en felicidad, porque así la viví. Tuve un  cumpleaños como nunca, fui muy feliz y sigo siéndolo.  Soy muy afortunada porque tengo linda gente a mí alrededor y de mi familia, ni hablar, soy muy venturosa… A Dios la Victoria.

Con el presente relato personal, pretendo que las personas tomen un poco de conciencia de que se puede ser muy feliz en la vida, aceptando la situación que el mundo nos proponga, porque simplemente la felicidad está dentro de cada ser humano y es menester personal, su búsqueda para que nuestro corazón y espíritu se constituya en felicidad.

Igualmente en el presente espacio, me he dedicado a agradecer a las personas y entidades con quienes compartía antes del mes de marzo de la presente vigencia 2020, creo que lo hago naturalmente porque siento fortaleza de espíritu en ello.  Me siento privilegiada en Dios.  Así mismo, trato de cooperar con el menos favorecido.

Los seres humanos debemos buscar motivos siempre para ser felices y éstos están también en las cosas cotidianas que nos rodean, como lo simple de ponerse una mascarilla en tu rostro, cuidar de tu cabello con un remedio casero, cuidad de tu higiene personal, preocuparte por tus manos, por tus uñas, mirar cómo funciona tu salud en todos los niveles, descansar, disfrutarte a ti mismo (a), pero igualmente importante:

Fortalecer tus vínculos familiares, porque también en el presente Marco de Tiempo en Pandemia, hemos descubierto el papel importante y primario de la familia en nuestra vida. Creo que a eso se le llama felicidad, cuanto te sientes que perteneces a un círculo hermoso a nivel familiar y que amas a los tuyos. Es fantástico y solo debe el ser humano, mirar dentro de sí, para descubrir tan linda sorpresa.

Es importante el ejercicio físico, así como soñar, es valioso tener una mente sin miedo, libre de temores y no dejarse contaminar por la preocupación del mañana. EL MIEDO NO EXISTE más que en tu mente porque simplemente te paraliza y ya no crees en ti mismo. Tienes un potencial dentro de ti y es tu llamado a explorarlo.

Es importante el ejercicio físico porque te da sanación mental y física. Te ayuda a empoderar tu autoestima. Tal vez tenemos una zona de confort actual que de alguna forma no nos deja salir adelante, pero es allí donde nuestra mente debe elegir y salir de este estado. Mi invitación es a soñar; Soñar mucho, porque esto te da sentido a tu vida y te fortalece.

Es prioritario buscar las emociones reprimidas que tal vez vienen de rencores escondidos en tu alma, pero todo esto se puede reemplazar por amor y agradecimiento por estas situaciones que hacen daño a nuestro espíritu y constituirnos en felicidad. No se debe permitir que nos lleguen a nuestra mente pensamientos negativos o contradictorios hacia otros y si es el caso, entonces se debe cambiar el chip y traer inmediatamente recuerdos bellos en nuestras vida, que nos den felicidad porque de verdad trae muchos beneficios personales.

No postergues tus planes de vida, porque el momento es hoy, porque ahora es cuando, porque YO SOY UNO CON DIOS. Lo anterior te evitará vacíos en tu vida y hoy serás mejor que ayer y el ayer ya pasó. Sería lindo si cada ser humano se dijera a sí mismo en cada mañana: <<Hoy voy por mi sueño>> <<Hoy triunfaré>> entre otros. Así que mi recomendación a la humanidad, es cambiar su chip y darle otro referendo a tu vida. Gracias Padre Santo, el mundo es tuyo.

Como consejo último, evita la gente tóxica a tu alrededor, evita al negativo, al rencoroso, al parlanchín en burla por los demás, porque todo esto llega a tu sub-consciente y te daña. No compartas angustias ni dificultades, solo busca las soluciones en amor. Mira hacia dentro de ti y encontrarás soluciones mágicas. Cambia y sal de tu zona de confort mental y tu propia vida, tu espíritu, tu cuerpo físico, te lo agradecerán. Cambia tu chip y constitúyete en amor por tu prójimo, siempre tenemos con qué ayudar a los demás y dar es felicidad.

Una forma especial de cambiar el chip, es estudiar. En la actualidad se han generado muchos tutoriales gratuitos de las diferentes empresas gubernamentales y éste hecho, hace que nos podamos capacitar en lo que es nuestra naturaleza creativa para fomentar nuestros ingresos. Es cuestión de no desperdiciar lo que tenemos a nuestro alrededor y tener en cuenta que sí se puede salir delante de la nada. Les invito a realizar auto búsquedas en fortalecimiento para encontrar nuestra realización personal y por ende, establecer vínculos de ingreso personal y para nuestras familias.

Creo que el ser humano tiene dentro de sí, un gran potencial que todavía no explora, pero que si un día se permite hacerlo, se torna en felicidad y allí, ya no hay retroceso. Obviamente, con la claridad de que Dios al comando de nuestra vida, porque El Mundo es de Dios y solo queda decir: Bendita Pandemia.
**Fondo musical: María de Torcoroma – Maryury Arevalo Suescun / Carlos Alfredo**

## HECHOS RELEVANTES EN EL MARCO DE TIEMPO EN PANDEMIA:

- Los diferentes gobiernos nacionales han instaurado ayudas para grandes y pequeños empresarios en préstamos bancarios, para que solventen sus nóminas y así mismo, se estén liberando del despido masivo de sus servidores; Los mismos que viven de sus empleos y llevan sustento de sostenimiento a sus familias.

- En los Estados Unidos, el presidente Trump cancela las conversaciones comerciales con China, por la presente crisis. Bajo este mandato, se han constituido en el país más afectado por el covid19 y parece que su presidente se encuentra un poco sin salida, dado que los ciudadanos y no ciudadanos, han optado por realizar campañas en manifestaciones que no conllevan precisamente a una sana reclamación.

- BRASIL:
  Uno de los países más golpeados por la crisis 2020... Tal vez muchos errores del gobierno les llevó a esto, por ejemplo:
    o Bolsonaro minimizó la crisis: No le dio importancia y aludía una simple gripe. Seguía convocando a reuniones y generaba aglomeraciones.
    o La cuarentena fue establecida irregularmente. Hubo desacuerdos entre los funcionarios públicos y el gobierno para el establecimiento de éstas.

- o Ante tal desacuerdo del gobierno, las personas entraron en una falsa seguridad e hicieron su voluntad.
- o Tenían tres Ministros de Salud… Los ciudadanos ya no sabían a quién hacer caso. La Pandemia se extendía.

- SUIZA:

Se confirmó la entrada del coronavirus el 25 de febrero 2020. Empezaron a verse los múltiples casos. Tomando medidas rápidas, fue así como en tres días, ya anunciaban la prohibición inmediata de todos los eventos públicos y aun así, en marzo tenían confirmados bastantes contagios llegaron a tener la segunda tasa más alta a fecha 14 de marzo 2020. Paulatinamente se fueron reestableciendo los negocios y servicios, porque el gobierno tomó medidas que beneficiaron la salud y la economía de este país. Se redujo igualmente, las escuelas con presencia física, las universidades y otros.

- PARIS:

Tomaron todas las medidas de bioseguridad sanitaria y éste hecho hizo que pronto (exactamente julio 6/2020) realizaran la reapertura del gran Museo del Louvre que se sigue constituyendo como el espacio más visitado de Francia e instauraron un renovado sistema de señalización en pos del bienestar de sus visitantes.

**AUTORA:**
Creo que hablar de cada rincón del mundo, generaría un escrito de gran grosor e incómodo en su lectura y es por ello que lo establezco de manera resumida, igualmente porque es tendencia pública de cada estado, la comunicación de sus comportamientos a nivel de gobiernos y ciudadanos.

Igualmente cabe resaltar que durante el presente Marco de Tiempo en Pandemia de la vigencia 2020, se lanzaron tres cohetes del tamaño de un coche lleno de cámaras, micrófonos, taladros láseres, constituyéndose en el más grande y sofisticado explorador a Marte; Todo esto propiciado por: China – Emiratos Árabes y Estados Unidos.

Viajarán aproximadamente seis meses y medio, equivalentes a 480 millones de kilómetros, constituyéndose en avance para el mundo. La vida continúa, el Mundo es Dios.

*Hoy, agosto 25 del año 2020, se decreta en Colombia la terminación de los confinamientos obligatorios y se dice que es responsabilidad del ser humanos en adelante, su cuidado a nivel de salud. Es menester de cada persona su cuidado personal y familiar.*
### No hay duda:  El Mundo es de Dios

## FALLECIMIENTO DE PERSONALIDADES DEL MUNDO: (Igualmente en resumen):

MANU DIBANGO:
Músico de saxofón con un estilo musical jazz, funk y un poco tradicional.
Contaba con 86 años de edad.

TERRENCE MCNALLY
Escritor estadounidense, libretista y guionista.  Escribió obras de teatro y falleció a los 81 años de edad.

LORENZO SANZ:
Empresario español, presidente del Real Madrid entre el año 1995 y 2000, dedicado a las actividades deportivas en su dirección.  Falleció a los 76 años de edad.

LUCÍA BOSÉ:
Actriz italiana con lindos triunfos a partir del año 1950.
Falleció a los 89 años de edad.

ANTONIO VIEIRA MONTEIRO – Médico:
Presidente de la Junta Directiva del Banco Santander, con muchos aciertos en el rango financiero.  Ya casi cumplía 74 años de edad el 21 de marzo, cuando fue sorprendido por su fallecimiento el 18 de este mismo mes en el presente año.

ENRIQUE GAMARRA – Médico:
Falleció a los 53 años de edad en la clínica donde prestaba sus servicios como tal.

MIGUEL BARRAGÁN – Médico:
Falleció en una unidad de cuidados intensivos en la ciudad de Bogotá a sus 63 años de edad.

ALEXIS PANETTA – Enfermera:
Fallece en la ciudad de Santa Marta a sus escasos 40 años de edad.

Perder a un ser querido, es entrar en una etapa de sufrimiento y su llanto es apenas un proceso que se debe vivir. Desafortunadamente le ha ocurrido a muchas personas y familias en la presente vigencia 2020. Creo que cuando alguien se va de nuestro lado, de alguna manera debe realizarse un ritual de agradecimiento con Dios y con la persona misma que se nos fue, porque solo se debe tener en cuenta todo lo lindo que nos dio en la vida, sus vivencias hermosas y lo mucho que nos alegró nuestro espíritu con su presencia.

Es menester propio retomar fuerzas y saber que la vida continua y que si caemos mil veces, mil veces nos paramos, pero jamás hay que darnos por vencidos, porque simplemente El Mundo es de Dios.

Esto último, no lo entienden muchos seres humanos y es por ello que se encuentran atravesando por un estado de ataques de ansiedad, porque pierden la calma y entran en conflicto a nivel familiar. Algunos se han dado cuenta de que en realidad no tenían una familia y que no eran realmente un hogar sino una fachada. Hay quienes dicen que apenas están conociendo a sus hijos, esposas y madres.

Existe preocupación por generar ingresos y es precisamente porque se debe sostener una familia. Se dice que los que más sufren, son los más resistentes al cambio y asimilación de nuevos estilos de vida. Así mismo hay quienes han descubierto que pueden realizar otros trabajos, o simplemente ocupar los tiempos de cuarentena, en escenarios de creación a nivel de ingresos.

Igualmente, empresas en cabeza de sus muy osados gerentes, impulsaron otro tipo de productos como tapa bocas con su marca y esto empezaba a dar frutos. Empezaron a fabricarlos en muy buenos materiales y fue por ello que llamaron prontamente la atención de sus clientes e igualmente captaron incluso nuevos compradores que antes no frecuentaban sus empresas. Aparecen entonces nuevas plataformas virtuales para ventas en todas las áreas.

Creo que es sano entender que la vida cambió para el ser humano y es menester propio aceptarlo en felicidad y bajo los parámetros de ley.

A DIOS LA VICTORIA
**El Mundo es de Dios**


**Fondo musical: Gracias - Jah Love**